마법처럼 영어가 입에서 술술 나오는

Magic Talk! English 핵심

Chris Suh

MENTORS

마법처럼 영어가 술술 나오는
Magic Talk! English - 핵심

2025년 10월 15일 인쇄
2025년 10월 21일 발행

지은이	Chris Suh
발행인	Chris Suh
발행처	**MENTORS**
	경기도 성남시 분당구 황새울로 335번길 10 598
	TEL 031-604-0025 FAX 031-696-5221
	mentors.co.kr
	blog.naver.com/mentorsbook
	*Play 스토어 및 App 스토어에서 '멘토스북' 검색해 어플다운받기!
등록일자	2005년 7월 27일
등록번호	제 2022-000130호
ISBN	979-11-94467-98-4
	979-11-94467-96-0(세트)
가격	23,600원(MP3 무료다운로드)

잘못 인쇄된 책은 교환해 드립니다.
이 책에 게재된 내용의 일부 또는 전체를 무단으로 복제 및 발췌하는 것을 금합니다.

머리말

안해본게 없는 영어공부

영어를 잘 하고 싶은 마음에 서점에서 이책 저책 둘러보고, 유명하다는 어플도 구매해보고 그리고 다양한 유튜브를 전전하는 무지막지한 노력을 기울여도 언제나처럼 영어실력은 도돌이표로 돌아온다. 왜 그럴까... 가장 좋은 방법은 미국이나 영국에 가서 네이티브와 부딪히며 배우는게 최고이지만 다 그렇게 할 수 없기 때문에 다른 방법을 찾게 된다. 물론 미국에 1-2년 살아도 애국심을 발휘하여 한국사람들하고만 생활하면 말짱 도루묵이 될 것이다.

이젠 영어공부 달리해야

우린 영어 네이티브가 아니기 때문에 그들과는 좀 다른 방식으로 영어를 학습하여야 한다. 후천적으로 영어를 배워야하는 우리는 영어에 자주 나오는 패턴과 패턴에 붙여 쓸 수 있는 다양한 영어표현들을 알아두어야 한다.

Magic Talk! English 기본 - 핵심 - 응용

이러한 기획하에 꾸며진 교재가 바로 이 <Magic Talk! English 기본 - 핵심 - 응용>이다. 각권 Section 2에서는 가장 기본이 되는 패턴을 기본, 핵심, 응용으로 구분하여 정리하였으며, 각권 Section 1에서 패턴을 학습하기 전에 알아두면 좋은 영어표현들을 수록하여 본격적인 영어학습 전에 워밍업을 할 수 있도록 꾸며져 있다. 기록 Section 3에서는 어려운 영어의 담을 헐고 영어에 대한 재미를 느낄 수 있도록 다양한 코너를 마련하였다. 그리고 마지막으로 각권 Supplement에서는 추가적으로 알아두면 좋은, 감탄사, 속담 그리고 영어명언 등을 수록하였다.

영어기본을 확실히 다져야

영어공부는 눈사람을 만드는 것과 같아,. 초보 단계에서는 한두권의 책을 여러번 봐서 기본을 단단히 하는 것이다. 그런 다음에 여러 다양한 책을 통해 실력을 다지고 늘려나가는 것이다. 반복만이 살 길이다. 지겨울 정도로 끊임없이 반복하면서 암기해 교재의 모든 것을 자기 것으로 만들어야 한다. 그래야 이기는 영어를 할 수 있다. 중도에 또 포기하고 이곳저곳 기웃이기만 한다면 망가진 레코드(broken record)처럼 그 자리에서 계속 돌기만 할 뿐이다. 아무쪼록 이 <Magic Talk! English 기본 - 핵심 - 응용> 시리즈가 여러분의 영어실력에 기본을 다지는 소중한 교재가 되기를 바란다.

Section 1은 워밍업으로 가볍게 보고, Seciton 3은 웃으면서 재미있게 읽어봅니다. 본격적인 학습은 Section 2로, 네이티브가 문장은 3번씩, 그리고 대화는 2번씩 읽어줍니다. 계속 따라 말하고 써봅니다.

이책의 특징

1. Magic Talk! English의 2권으로 가장 기본적인 패턴들을 집중적으로 수록 하였다.
2. 시작하기에 앞서 영어회화에 자주 쓰이는 필수표현 276개를 생동감 넘치는 예문과 함께 정리하였다.
3. Section 3의 재미난 영어세계 이모저모에서는 <알쏭달쏭 영단어구분하기>, <바로잡자! 콩글리시!>, 그리고 <사연있는 영어표현들>을 수록하여 부담없이 영어에 접근할 수 있는 공간을 만들었다.
4. 또한 Supplement에서는 <놀라운 감탄사의 세계>(1권), <시공을 초월하여 교훈을 주는 영어속담 Best 28>(2권), 그리고 <세월이 가도 잊혀지지 않는 명언과 미신들!>(3권)을 수록하여 영어학습에 다양성과 풍요로움을 더했다.
5. 모든 영문은 생기발랄한 네이티브들의 현지 목소리로 들을 수 있다.

이책의 구성

1. 단계별로 <Magic Talk! - 기본>, <Magic Talk! - 핵심>, 그리고 <Magic Talk! - 응용> 등 총 3권으로 구성되어 있다.
2. 3권 모두, Section 1, 2, 3, 그리고 Supplement로 다양하게 꾸며져 있다.
3. 각권에서 Section 2에 녹음된 네이티브를 따라 집중적으로 반복해서 큰소리로 말해보고, 직접 필사까지 해보면 영어실력이 일취월장할 것이다.
4. Section 1, 3은 Seciton 2를 학습하기 위해 워밍업을 하거나 아니면 Section 2학습을 끝내고 영어의 다양한 모습을 보기 위해 수록되었다.
5. Supplement를 통해 영어에 대한 추가적인 정보들을 수록하여 부담없이 볼 수 있도록 꾸며져 있다.

이책을 보는 법_Section 2, 3를 중심으로

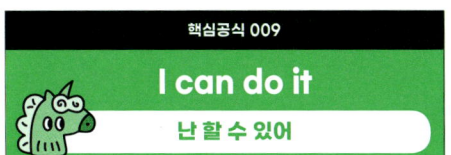

핵심공식
영어회화 기본공식의 순차적인 번호 및 우리말 옮김.

만년초보탈출하기
회화공식을 언제 어떠한 상황에서 사용해야 하는지를 정확히 알려주는 무지무지 친절한 설명.

영어로 직접 말해보고 써보기
영어회화공식을 가장 쉽고 간단하게 활용해 보며 눈과 귀에, 그리고 필사를 통해 마음 속에 각인해 두는 시간.

내 입에서 영어가 나올 줄이야!
실전 AB 대화를 통해 회화공식을 확인하는 자리로 자연스러운 대화 속에서 방금 배운 표현이 어떻게 쓰였나를 감각적으로 체득하며 완전히 자기 것으로 만든다.

알쏭달쏭 영단어 구분하기
비슷비슷한 단어들의 미묘한 차이를 예문과 함께 설명하였다.

바로잡자! 콩글리시!
아직도 콩글리시인지도 모르는 비극을 막기 위해 중요한 콩글리시 퇴치법을 제공한다.

사연이 있는 영어표현들
일부 표현들은 왜 그렇게 쓰이는지 깊은 사연이 있다. 그런 표현들만을 모았다.

Contents

SECTION 1
미리 알고 들어가기
영어회화 필수표현 276 ·············· 008

SECTION 2
Magic Talk! English
핵심공식 001- 102 ·············· 062

SECTION 3
재미난 영어세계 이모저모
1. 알쏭달쏭 영단어 구분하기 ·············· 268
2. 바로잡자! 콩글리시! ·············· 288
3. 사연있는 영어표현들 ·············· 300

SUPPLEMENT
시공을 초월하여 교훈을 주는 영어속담 Best 28 ·············· 326

SECTION 1

미리 알고 들어가기

영어회화 필수표현 276

영어회화 필수표현 276

▍look for …을 찾다

- **Are you looking for anything in particular?**
  특별히 찾으시는 것이라도 있으세요?

- **Excuse me, I am looking for a wedding present.**
  저, 결혼선물을 살까 하는데요.

▍be[get] ready to+동사[for+명사] …할 준비가 되다

- **Are you ready for breakfast?**
  아침먹을 준비됐어?

- **Are you ready for the test?**
  시험 준비됐니?

- **Are you ready to order?**
  지금 주문하시겠어요?

▍get married 결혼하다

- **We're going to get married this fall.**
  이번 가을에 결혼할거야.

▍get together 만나다

- **Maybe we could get together later?**
  혹 나중에 만날 수 있을까요?

- **Shall we get together on Thursday after five?**
  목요일 5시 이후에 만날래요?

- **Let's get together sometime.**
  조만간 한번 보자.

after work 퇴근 후에 *after school 방과 후에

- **How about a drink after work?**
  퇴근 후 술한잔 어때?

be worried about~ …을 걱정하다

- **I'm worried about you.** 네가 걱정돼.

be[get] lost 길을 잃다

- **If you get lost, just give me a call.**
  혹시 길을 잃어버리면 전화줘.

- **I think I'm lost.** 길을 잃어서요.

get used to …에 적응하다

- **You'd better get used to it.** 적응하도록 해라.

- **You'll get used to it.** 곧 익숙해 질거야.

get somebody something ~에게 …을 갖다[사다] 주다

- **Can I get you something?** 뭐 필요한게 있으신가요?

- **Would you get me a Diet Coke?** 다이어트 콜라 좀 갖다줄래요?

ask somebody something ~에게 …을 묻다, 부탁하다

- **Can I ask you something?** 뭐 좀 물어봐도 돼?
- **Can I ask you a question?** 질문 하나 해도 돼?
- **Can I ask you a favor?** 부탁하나 해도 될까요?

be good at~ …을 잘하다, 능숙하다

- **She's really good at singing.** 쟤는 진짜 노래를 잘해.
- **I'm not good at this.** 난 이거에 능숙하지 못해.

be far from~ …에서 멀다

- **Is it far from here?** 여기서 멀어요?

be hard on somebody …에 엄히 대하다, 힘들게 하다

- **Don't be so hard on yourself.** 너무 자책하지마.

be[get] in trouble 곤경에 처하다, 큰일나다

*get sb in trouble …을 곤경에 빠트리다

- **You're in trouble.** 너 큰일났다.

- **You will get in trouble if you do that.** 그렇게 하면 곤란해질거야.
- **I'm not here to get you in trouble.** 널 곤란하게 하려고 여기 온게 아냐.

be sure of[about]~ …을 확신하다
- **Are you sure about that?** 그거 확실해?

take ~off …을 쉬다 *take[have] a day off 하루쉬다
- **I'm going to take some time off.** 좀 쉴거야.
- **I thought you had the day off.** 하루 쉬는지 알았어.

break up with sb …와 헤어지다
- **I'm sorry but I have to break up with you.**
  미안하지만 너랑 헤어져야겠어.
- **I broke up with Roger.** 로저랑 헤어졌어.

have an appointment 선약이 있다
*have an appointment to+동사 …예약이 되어 있다
- **I have an appointment.** 선약이 있어.
- **I have an appointment to see Dr. Robert Pillman.**
  로버트 필먼 의사선생님과 예약되어 있어.

make a mistake 실수하다

- **You're making a mistake.** 너 실수하고 있는거야.
- **I made a mistake.** 내가 실수했어.

look/seem/sound/feel+형용사 …같아

- **You look great.** 너 멋져 보인다.
- **You look stressed out.** 스트레스에 지쳐 있는 것 같아.
- **She seemed like a lot of fun.** 걘 정말 재미있는 애 같았어.
- **You sound strange.** 네 목소리가 이상하게 들려.

look like/seem like/sound like/feel like+명사 …같아

- **That sounds like a good idea.** 좋은 생각이야.
- **I feel like an idiot.** 내가 바보가 된 것 같아.

keep[remain]+형용사 …한 상태로 있다

- **I don't like to keep busy.** 계속해서 바쁜 건 싫어.
- **He remains very popular.** 그 남자는 여전히 유명해.

▌at work 근무 중에, 직장에서

- **What happened at work?** 직장에서 무슨 일 있었어?
- **Have a nice day at work!** 직장에서 즐겁게 보내!

▌be on a diet 다이어트하다

- **I'm on a diet.** 다이어트 하는 중이야.

▌pick up (차로) 데리러 가다

- **I'll pick you up at eight.** 8시에 데리러 갈게.

▌think about …에 대해 생각하다

- **I will think about it.** 생각해볼게.
- **Let's not think about it.** 그건 생각하지 말자.

▌have+명사 …가 있다

- **I have a date tomorrow night.** 내일밤 데이트있어.
- **I have a problem.** 문제가 있어.
- **I have a question for you.** 질문이 하나 있는데요.
- **I had lunch with her.** 걔랑 점심먹었어.

영어회화 필수표현 276

▎be proud of …가 자랑스럽다

- **Way to go! I'm so proud of you!** 잘했다! 네가 정말 자랑스러워!

▎have to+동사 …해야 한다

- **I've got so much to do and I have to go now.**
  해야 할 일이 너무 많아서 지금 가야 돼.

- **I have to cancel tomorrow's meeting.**
  내일 회의를 취소해야겠어.

▎be[get] mad at~ …에 화나다(= be[get] angry with~, be[get] upset about~)

- **I'm mad at[get angry with] you.** 너한테 화가 나.

- **He's upset with me.** 걘 내게 화났어.

▎be[feel] sorry about~ …에 미안해하다

- **I'm sorry about that.** 그거 미안해.

- **I feel sorry (for you).** (네게) 미안해.

▎be happy with[about]~ …에 만족하다

- **I'm not happy with my job.** 내 일에 만족을 못하겠어.

take a break 쉬다

- **Shall we take a break now?** 지금 잠시 좀 쉴까?

keep ~ing 계속해서 …하다

- **Let's keep going.** 계속하자.

have no time to+동사 …할 시간이 없다

- **I have no time to go there.** 거기 갈 시간이 없어.

get+명사 …하다, …을 얻다

- **I got it on sale.** 세일 때 샀어.
- **I got a promotion.** 승진했어.
- **I got a new job.** 새로 취직했어.

get+형용사 …하게 되다

- **I got lucky.** 난 운이 좋았어.
- **They get excited when they see famous people.**
  유명인들을 보면 사람들은 흥분해.

영어회화 필수표현 276

give sb a call ⋯에게 전화하다

- **Give me a call at** 3794-5450 **as soon as you can.**
  3794-5450으로 가능한 한 빨리 전화줘요.

care about~ ⋯에 신경쓰다 *care for ...을 좋아하다

- **I don't care about** my work. 내 일은 신경 안 써.

- **Would you care for** dessert? 디저트를 드시겠어요?

feel free to+동사 언제든지 ⋯하다

- **Feel free to** ask if you have any questions.
  질문 있으면 언제든지 해.

get+장소[장소부사] ⋯에 도착하다, ⋯에 가다

- **I can't** get there **by one o'clock.** 한 시까지 거기에 못 가.

come over ⋯로 들르다

- **Would you** come over **please?** 좀 이리로 와볼래요?

- **Why don't you** come over here **and talk to me for a second?** 이리와 나랑 잠시 얘기하자.

016

talk to[with] sb about sth ~에게[와] …에 대해 얘기하다

- **Jimmy, can I talk to you for a sec?** 지미, 잠깐 이야기해도 될까?

- **I'm not sure. Let's talk about it.** 몰라. 얘기해보자.

be able to+동사 …할 수 있다

- **She'll be able to do better next time.**
  걘 다음 번에 더 잘 할 수 있을거야.

- **Will you be able to attend?** 참석할 수 있어?

- **Are you sure you'll be able to do it?** 너 정말 그거 할 수 있어?

get in touch with …와 연락하다

*keep in touch (with) (…와) 연락하며 지내다

- **How can I get in touch with him?**
  걔에게 연락할 수 있는 방법이 없을까요?

- **Would you keep in touch with me?** 나하고 연락하고 지낼래요?

give sb a hand …을 도와주다

- **Shall I give you a hand?** 도와줄까요?

call A B A를 B라고 부르다

- **You can call me Sam.** 샘이라고 불러.

영어회화 필수표현 276

- **What do you call that in English?** 저걸 영어로는 뭐라고 하니?

catch up with …을 따라잡다, …와 연락하다

- **I'll catch up with you later.** 나중에 다시 전화하지 뭐.

lend A B A에게 B를 빌려주다 *borrow A B A에게서 B를 빌리다

- **Would you lend me some money?** 돈 좀 빌려줄래요?
- **I need to borrow some money.** 돈 좀 빌려야겠어.
- **Can I borrow your cell phone?** 핸드폰 좀 빌려줄래?

get back to …로 돌아가다, 연락하다

- **I need to get back to the office.** 사무실로 돌아가야 돼.
- **I'd better get back to work.** 다시 일해야겠어.
- **I'm sorry I didn't get back to you sooner.** 더 빨리 연락 못해서 미안해.

go out for[to]~ …하러 나가다

- **Shall we go out for lunch?** 점심먹으러 나갈까?
- **Would you like to go out to lunch with me?** 나랑 점심 먹으러 나갈래?

say good-bye 헤어지다

- **It's time to say good-bye.** 이제 헤어질 시간야.
- **I have to say good-bye now.** 지금 헤어져야겠어.

have dinner[lunch] 저녁[점심]을 먹다

- **Do you have time to have dinner?** 저녁 먹을 시간 있어요?
- **I have to go have dinner with my son.** 아들과 저녁먹으러 가야 돼.

try sth on …을 입어보다 *try+음식명사 …맛보다

- **Why don't you try this on?** 이거 한번 입어봐.

take one's time 서두르지 않다

- **Take your time.** 서두르지 말고.

give sb a chance …에게 기회를 주다

- **Can you give me another chance?** 기회한번 더 줄래요?

hold the line 전화를 끊지 않고 기다리다

- **Could[Can] you hold the line?** (전화) 잠깐 기다릴래요?

영어회화 필수표현 276

show sb around …을 구경시켜주다

- I will **show you around** the office. 사무실을 구경시켜줄게.

go on vacation 휴가가다 *take a vacation 휴가가다

- Shall we **go on vacation** together? 함께 휴가갈까?
- It would be nice if we could **take a vacation**.
  우리가 휴가를 얻는다면 좋을텐데.

cheer up 기운내다

- You'll have a good job interview. **Cheer up.**
  면접을 잘 볼거야. 기운내.

do one's best 최선을 다하다

- Thanks. I'll **do my best**. 고마워. 최선을 다할게.

get to+동사 …하게 되다

- You will **get to** know that. 그걸 알게 될거야.

get better 나아지다

- Be strong. Things will **get better** soon.
  강해지라고. 곧 더 나아질거야.

- **I will let you know when she gets better.**
  걔가 좀 나아지면 알려줄게.

make (a lot of) money 돈을 (많이) 벌다

- **You'll make a lot of money.** 돈을 많이 벌거야.

give sb a ride[lift] …을 태워주다

- **I will, but only if you give me a lift.**
  네가 차로 태워다주면 갈게.

- **Do you want me to give you a ride to the airport?**
  내가 공항까지 태워다 줄까?

go out with sb …와 데이트하다

- **Would you go out with me?** 나랑 데이트할래요?

turn the TV on[off, down] …을 틀다[끄다, 소리를 줄이다]

- **Would you turn the TV down?** TV소리 좀 줄여줄래요?

catch a cold 감기걸리다

- **I think I'm catching a cold.** 감기 걸린 것 같아.

영어회화 필수표현 276

▌work on …을 작업하다, …의 일을 하다
- **I'm working on the photograph.** 사진 작업을 하고 있어.

▌pay for …의 비용을 내다
- **Can I pay for the parking when I leave?**
  나갈 때 주차비를 내면 되나요?

▌leave for …을 향해 출발하다 *leave someplace …을 떠나다
- **I'm going to leave for Canada.** 캐나다로 떠날거야.

▌get some sleep 잠 좀 자다
- **You should get some sleep.** 잠 좀 자지.
- **I need to get some sleep.** 잠 좀 자야겠어.

▌take sth back …을 물리다, 취소하다
- **This is wrong. You have to take it back.** 이건 아냐. 취소하라고.
- **I'd better take that back.** 내가 그거 취소하는게 낫겠어.

▌watch TV TV를 보다
- **I was watching TV.** TV를 보고 있었어.

- **I like watching movies on TV.** TV에서 영화보는 걸 좋아해.

keep sth secret 비밀로 하다

- **I'd appreciate it if you kept it secret.**
  네가 그걸 비밀로 해주면 고맙겠어.

make a noise 시끄럽게 하다

- **You must not make a noise.** 시끄럽게 해서는 안돼.

be[get] stuck in traffic 차가 막히다

- **I was stuck in traffic.** 차가 막혀서 말야.

take a subway 전철을 타다

- **You should take a subway.** 전철을 타야 해.

get through …을 해내다, 통과하다

- **I'll never get through this.** 난 절대 이걸 못해낼거야.

- **I don't think I can get through the night.**
  밤을 무사히 보낼 수 없을 것 같아.

영어회화 필수표현 276

▌try harder 더 노력하다

- **You have to try harder.** 더 열심히 해야 돼.

▌take care of …을 돌보다, 처리하다

- **You have to take care of yourself.** 너 스스로를 돌봐야 돼.
- **Let me take care of it.** 내가 처리할게.

▌take a look at …을 보다

- **You have to take a look at it.** 한번 봐야 돼.

▌look on the bright side 긍정적으로 보다

- **You have to look on the bright side.** 긍정적으로 생각하라고.

▌help sb with sth …가 …하는 것을 도와주다

- **Can I help you with anything?** 도와드릴까요?
- **Let me help you with your grocery bags.**
  식료품 쇼핑백 들어줄게요.

▌be worth a try 해볼 가치가 있다

- **It may be worth a try.** 그래도 해봄직 할거야.

have a word with ⋯와 얘기하다

- May I **have a word with** you? 얘기 좀 하죠.

used to+동사 ⋯하곤 했다

- We **used to** work together. 우린 함께 일했었죠.

when I was young 내가 어렸을 때

*when I was in college 대학 다닐 때

- I would play the violin **when I was young**.
  어렸을 때 간혹 바이올린을 켰어.

- I used to exercise **when I was in college**.
  대학다닐 때 운동을 하곤 했었어.

take a test 시험을 보다

- I don't need to **take a test**. 시험 볼 필요가 없어.

believe in ⋯의 존재를 믿다

- Do you **believe in** ghosts? 유령이 있다고 생각해?

영어회화 필수표현 276

change one's mind 마음을 바꾸다

- I **changed my mind**. 마음 바꿨어.

hear about …에 관한 소식을 듣다

- I **heard about** your daughter. 네 딸 얘기 들었어.

- I **heard about** your engagement the other night.
  지난 밤에 네 약혼식 얘기 들었어.

go to~ …로 가다 *go to college 대학교에 진학하다

- She **went to** the bathroom. 걘 화장실에 갔어.

- I **went to** the gas station. 난 주유소에 갔었어.

- I **went to** college. 대학교에 진학했어.

- I'm **going to** bed. 나 자러간다.

see sb …와 사귀다

- Sorry. I'm already **seeing** a guy. 미안. 벌써 다른 애 만나고 있어.

look around 둘러보다

- No, thank you, I'm just **looking around**.
  고맙지만 괜찮아요. 그냥 구경만 하는거예요.

■ **work for** …를 위해 일하다, …에서 일하다

- **I'm working for him.** 걔 밑에서 일해.

■ **be[get] upset about[at]** …에게 화나다

- **Look, don't get so upset at me.** 이봐, 나한테 너무 화내지마.

■ **chat on the internet** 인터넷에서 채팅하다

- **She's chatting on the internet in her room.**
  걘 자기방에서 인터넷 채팅하고 있어.

■ **play computer games** 컴퓨터 게임을 하다

- **He's playing computer games.** 걘 컴퓨터 게임을 하고 있어.
- **Are you still playing computer games?** 아직도 컴퓨터 게임하니?

■ **miss** …을 놓치다, 그리워하다

- **I'm really going to miss you.** 정말 네가 보고 싶을거야.

■ **have fun** 즐겁게 보내다

- **We're going to have fun tonight!** 우리 오늘 밤에 재미있게 놀거다!

영어회화 필수표현 276

▎be about to+동사 막 …하려 하다
- We're about to run out of gas. 기름이 바닥이 나려고 하는데.

▎weird 이상한
- Don't you think it's going to be weird?
  좀 이상할거라고 생각하지 않아?

▎cost A B A에게 B의 비용이 들다
- It's going to cost me a lot. 내가 돈이 많이 들거야.

▎call it a day[quits] 퇴근하다
- Let's call it a day. 퇴근하죠.

▎get down to business 본론으로 들어가다, 일을 시작하다
- Let's get down to business. 자 일을 시작합시다.

▎get sth straight …을 바로 하다, 분명히 하다
- Let me get this straight. 이건 분명히 해두자.

pass the exam 시험에 통과하다 *fail the exam 시험에 떨어지다

- **I just found out that I didn't pass my exam.**
  방금 내가 시험에 떨어졌다는 걸 알았어.

- **I heard that you failed the entrance exam.**
  입학시험에 떨어졌다며.

say hello to …에게 안부 전하다

- **Say hello to everyone in the office for me.**
  사무실 사람들에게 모두 안부 전해줘.

help yourself to~ …을 맘대로 갖다 먹다

- **Please help yourself to anything in the fridge.**
  냉장고에 있는거 맘대로 갖다 들어요.

hurry up 서두르다

- **Hurry up! We'll be late.** 빨리 좀 가! 이러다 늦겠다.

give up 포기하다

- **Some days I just feel like giving up.**
  어떤 때는 그냥 내가 포기하고 싶을 때가 있어.

영어회화 필수표현 276

Don't forget to+동사 꼭 …해
- **Don't forget to drop me a line.** 잊지 말고 꼭 연락해.

screw up 실수하다, 망치다
- **But I screwed up big time.** 하지만 내가 큰 실수를 했는걸요.

make sure …을 확실히 하다
- **I'll make sure that I keep in touch.** 내가 꼭 연락할게.

make it up to~ …에게 보상하다
- **What can I do to make it up to you?**
  어떻게 하면 이 실수를 만회할 수 있을까요?

get away from~ …에 가까이 가지 않다
- **Get away from me.** (내 앞에서) 꺼져.

get off one's back …을 귀찮게 하지 않다
- **Get off my back.** 나 좀 내버려둬.

▌**get one's hands off~** …에서 손을 떼다

- **Get your hands off me.** 날 귀찮게 하지마.

▌**get off** …에서 내리다 *get on …을 타다

- **Get off at the third stop.** 3번째 정거장에서 내리세요.
- **Get on the next bus.** 다음 버스를 타세요.

▌**take one's word** …의 말을 믿다

- **Take my word for it, he's the best in the business.**
  진짜야. 그 사람 업계에서 최고야.

▌**give sb a try** …에게 기회를 주다

- **Maybe I'll give him a try.** 기회나 한번 줘보지.

▌**excuse A for B** A가 B한 걸 용서하다

- **Excuse me for being so selfish.** 너무 이기적이어서 미안해.

▌**be caught ~ing** …하다 걸리다 *get caught 걸리다, 잡히다

 *get caught in traffic 교통이 막히다

- **The professor was caught taking money illegally.**
  교수가 불법으로 돈받다 걸렸어.

영어회화 필수표현 276

- How much is the fine if you **get caught**? 잡히면 벌금이 얼마야?
- I **got caught in** traffic. 차가 밀렸어.

take a nap 낮잠자다

- Do you want to **take a nap** before dinner?
  저녁먹기 전에 낮잠 잘래?

propose a toast 건배하다

- I'd like to **propose a toast**. 건배하자.

as soon as possible 가능한 한 빨리(= as soon as you can)

- I'd like you to finish the project **as soon as possible**.
  가능한 한 빨리 이 프로젝트를 끝내 줘.
- I'll try to get there **as soon as possible**.
  가능한 한 빨리 도착하도록 할게.

get right on~ …을 착수하다, 시작하다

- Alright, I'll **get right on** it. 그래, 바로 시작할게.

by tomorrow 내일까지

- I need you to finish this **by tomorrow**. 내일까지 이걸 끝내야 해.

leave a message 메시지를 남기다 *take a message 메시지를 받아적다

- **Would you like to leave a message?** 메모 남기시겠어요?

get a drink 술한잔하다 *get a cup of coffee 커피한잔 하다

*go (out) for a drink 한잔하러 나가다

- **Do you want to get a cup of coffee?** 커피한잔 할래?

- **How about going out for a drink tonight?**
  오늘 밤 한잔하러 나갈래?

- **Do you want to go get a drink?** 가서 한 잔할래?

- **What do you say to going for a drink tonight?**
  오늘밤 한잔 하러 가는거 어때요?

buy sb a drink …에게 술 한잔 사주다

- **Do you want to buy me a drink?** 술 한잔 사줄래?

ask sb to+동사 …에게 …해달라고 요청하다

- **I heard his wife is asking him to divorce.**
  걔 아내가 이혼하자고 그런대.

on time 제시간에

- **I'm worried it's too late for us to be there on time.**
  우리가 제 시간에 도착 못할 것 같아 걱정야.

영어회화 필수표현 276

▎be aware of …을 알고 있다

- I'm aware of John's poor grades.
  존의 성적이 안 좋다는거 알고 있어.

- I'm aware of the problems you're talking about.
  네가 말하는 문제점들 알고 있어.

▎available 이용가능한, 시간이 되는

- Is Bill available? 빌 있나요?

▎make it 해내다, 성공하다, 제 시간에 가다

- I'm sorry I can't make it. 미안하지만 못 갈 것 같아.

▎figure out 이해하다

- I can't figure it out either.
  나 역시 어떻게 말을 해야할 지 알 수가 없는데요.

▎lose face 체면을 잃다(<-> save face 체면을 세우다)

- He doesn't want to lose face.
  그 친구는 자기 자존심 구겨지는 꼴 못봐.

have[get] cancer 암에 걸리다

- **I'm afraid you've got breast cancer.** 유방암이신 것 같아요.
- **Is it possible that I have cancer?** 내가 암일 수도 있나요?

handle 처리하다, 다루다

- **Let me handle it.** 내가 처리하죠.

take place 일어나다, 벌어지다

- **It will take place at 10 a.m.** 오전 10시에 있습니다.

stay another day 하루 더 머물다 *stay a little longer 좀 더 머물다
*stay the night 밤새(머물)다   *stay longer 더 머물다

- **Are you sure it's okay if we stay another day?**
  하루 더 머물러도 정말 괜찮아?
- **Stay a little longer to hang out with me.**
  더 남아서 나랑 놀자.
- **What do you think about me staying the night?**
  내가 밤새는거 어때?

be on the way 가는 중이야

- **I'm on my way now.** 지금 가고 있는 중이야.

영어회화 필수표현 276

- **I left my passport in the taxi on the way to the hotel.**
  호텔가는 길에 택시에 여권을 두고 내렸어.

▌**stop by** …에 들르다(drop by; swing by; pop in)

- **I'll stop by you on my way home.** 집에 가는 길에 너한테 들를게.

- **Do I have to wait here until he drops by?**
  걔가 들를 때까지 여기서 기다려야 돼?

▌**at lunch** 점심 식사중

- **No one called while you were at lunch.**
  점심 식사하실 때 아무 전화도 없었어요.

▌**get nervous** 떨리다, 긴장하다

- **It's easy to get nervous on dates.** 데이트날 떨리기 십상이지.

▌**at the same time** 동시에

- **Is it possible to love two people at the same time?**
  동시에 2명을 사랑할 수가 있어?

▌**take a shower** 샤워하다 *take a bath 목욕하다

- **I feel like taking a shower.** 샤워하고 싶어.

- **I'm going to go take a bath.** 가서 목욕 좀 할거야.

love at first sight 첫눈에 반하다

- **Is it still possible to believe in love at first sight?**
  첫눈에 반했다는 걸 믿을 수 있나?

make a choice 선택하다

- **It's time for you to make a choice.** 네가 선택할 시간야.

have plans 계획이 있다 *make plans to~ ...할 계획을 짜다

- **I'm afraid we already have plans.** 우린 이미 약속이 있어.
- **I wish I could, but I've made plans to walk around.**
  그러고 싶지만 안돼. 산책할 계획이야.

fire sb ...을 해고하다

- **Why don't you fire her?** 걔 해고해 버려.
- **I heard you got fired a few weeks ago.** 몇 주전에 해고됐다며.

blame oneself for ...로 자책하다

- **You shouldn't blame yourself for this.** 이걸로 널 자책하지마.

walk sb to ...까지 걸어서 배웅하다

- **You don't have to walk me home.**
  집까지 나하고 함께 걸어갈 필요없어.

영어회화 필수표현 276

be stressed out 스트레스를 받아 지치다
- **I'm so stressed out these days.** 요즘 스트레스를 많이 받고 있어.

complete 완성하다, 마무리하다
- **Do I have to complete this report?** 이 보고서 끝내야 돼요?

take a rest 쉬다
- **Do you need to take a rest?** 쉬어야 돼?

be on a first name basis 이름 부르는 사이다
- **Yes I do. We are on a first name basis.** 어 그래. 친한 사이야.

have something in common 공통점이 있다
- **I don't think we have anything in common.**
  우린 공통점이 없는 것 같아.

talk sb into~ ~을 설득해서 …하게 하다
- **There's no way you're going to talk me into this.**
  날 설득해 그걸 하게 할 수 없어.

for a while 잠시동안(= for a minute, for a second)

*in a while 한동안

- **Let's go inside for a while.** 잠시 들어가 있자.

- **I'm not sure. I haven't called him in a while.**
  잘 몰라. 걔한테 한동안 전화 못했어.

fix the problem 문제를 풀다 *fix the computer 컴퓨터를 수리하다

- **Can you please help me fix this problem?**
  이 문제 푸는거 도와줄테야?

- **I'll help you fix your computer.** 네 컴퓨터 고치는거 도와줄게.

remind …을 기억나게 하다 *remind A of B A를 보니 B가 생각나다

- **Let me remind you.** 알려줄게 있어.

wash the dishes 설거지하다 *do the washing 세탁하다

- **I'll help you finishing washing the dishes.**
  설거지하는거 도와줄게.

- **I don't like doing the washing.** 세탁하는 걸 싫어해.

take A to+동사 …하는데 A가 필요하다

- **It takes an hour from here to get there.**
  여기서 거기 가는데 한 시간 걸려.

영어회화 필수표현 276

- **It takes courage to do so.** 그렇게 하는데 용기가 필요해.
- **It takes balls to fight with Bob.**
  밥과 싸울려면 배짱이 있어야 되는데.

feel that way 그렇게 생각하다

- **What makes you feel that way?** 왜 그렇게 생각하는거야?

get sick 아프다

- **I feel like I always get sick in the winter.**
  난 겨울엔 항상 아픈 것 같아.

have a chance 기회가 있다

- **You probably feel like you don't have a chance.**
  아마 기회가 없다고 느낄지도 몰라.

as always 늘 그렇듯

- **You're not helping me as always.** 늘 그렇듯 넌 도움이 안돼.

get sb wrong 오해하다

- **Don't get me wrong. I was just trying to help you.**
  오해마. 그냥 도와주려는 것뿐이었는데.

focus on 집중하다
- **I'm just trying to focus on this.** 이거에 집중하려고 하고 있어.

calm down 진정하다
- **Look guys, try to calm down. OK?** 얘들아, 진정해. 알았어?

make sb feel better ⋯을 기분좋게 하다
- **She was just trying to make you feel better.**
  걘 널 기분좋게 해주려는거였어.

listen to ⋯을 듣다
- **I like listening to classical music.** 클래식음악 듣는 걸 좋아해.

take a lesson[course] 강의를 듣다
- **I'm thinking of taking a computer course.**
  컴퓨터 강좌를 들을 생각이야.

ask sb out ⋯에게 데이트 신청하다
- **I'm thinking about asking her out tonight.**
  오늘밤 걔한테 데이트신청할까 해.

영어회화 필수표현 276

▮ answer the question 질문에 답하다

- **You didn't answer my question.** 내 질문에 답을 안했어.

▮ make up one's mind 결정하다(= decide)

- **I haven't made up my mind**(**I haven't decided yet**).
  아직 결정을 못했어.

▮ travel overseas 해외여행하다

- **Have you traveled overseas?** 해외여행 해본 적 있어?

▮ make a reservation 예약하다

- **Have you made a hotel reservation?** 호텔 예약을 해본 적 있어?

▮ run the marathon 마라톤을 뛰다

- **Have you run the marathon before?** 전에 마라톤 뛰어본 적 있어?

▮ be injured in a car accident 교통사고 나다

- **I heard that John was injured in a car accident.**
  존이 교통사고 나서 다쳤다며.

show up 나타나다(appear), 오다

- **How come he didn't show up last night?**
  걔는 왜 어젯밤 안 왔대?

tell the truth 진실을 말하다 *tell a lie 거짓말하다

- **Why didn't you just tell her the truth?**
  걔한테 진실을 왜 말하지 않았어?

have a fight 싸우다 *get into a fight 싸우다

*have an argument with …와 말다툼하다

- **Jill and I had a really big fight.** 질과 내가 정말 크게 싸웠어.

Well, we got into a fight. 어, 우리 싸웠어.

- **Are you having an argument with her?** 걔하고 다투었어?

cheat on 커닝하다

- **You should be ashamed of cheating on your exam.**
  커닝한 걸 수치스러워 해야지.

have a baby 임신하다

- **I'm talking about me having a baby.** 내가 임신했다는 이야기야.

영어회화 필수표현 276

▍go on 일어나다, 벌어지다(happen)

- **What's going on?** 무슨 일이야?

▍turn down 거절하다

- **I'm pretty sure I'm going to turn it down.**
  내가 거절하게 될게 분명해.

▍feel free to+동사 마음편히 …하다

- **I want you to feel free to have fun while you're on vacation.**
  휴가 때 마음편히 재미있게 보내.

▍take A for B A를 B로 보다

- **What do you take me for?** 날 뭘로 보는거야?

▍make no difference 차이가 없다

- **It makes no difference to me. I am flexible.**
  뭘 해도 상관없어. 나는 다 괜찮거든.

▍wait and see 두고보자

- **Let's just wait and see what happens.** 어떻게 되는지 일단 두고보자.

go out on a date 데이트하다

- **How would you like to go out on a date with me?**
  나랑 데이트 할래?

see off …을 배웅하다

- **How many people came to see you off?**
  널 배웅하러 몇 사람이 나온거야?

be on the phone 전화중이다

- **Where's Harry? His mom's on the phone.**
  해리 어딨어? 어머님 전화인데.

be in charge 책임지다

- **Who's in charge?** 누가 책임자야?

first of all 무엇보다 먼저

- **First of all, let me check my schedule.** 먼저, 일정 좀 보고.

know better than to+동사 …할 만큼 어리석지 않다

- **You should know better than to let him know.**
  너 걔한테 그런 말 하면 안되는 줄은 알았을 것 아냐.

be on one's side …의 편이다

- **I thought you were on my side.** 난 네가 우리 편인 줄 알았어.

stay out of~ …에 가까이 하지 않다

- **I asked you to stay out of this.** 이거 관여하지 말라고 했잖아.

be excited about~ …에 흥분하다, 기대하다

- **I am pretty excited about it!** 정말 기대되는데!

play computer games 컴퓨터 게임을 하다

- **I can't help playing computer games every day.**
  매일 컴퓨터 게임을 하지 않을 수 없어.

have no choice but to+동사 …하지 않을 수 없다

- **I have no choice but to pay her the money.**
  걔한데 돈을 갚을 수밖에 없어.

can't help but+동사 …하지 않을 수 없다

- **I can't help but think about Lisa.**
  리자에 대해 생각하지 않을 수 없어.

can't wait to+동사 몹시 …하고 싶어하다
(= be eager to~, be dying to~)

- **I can't wait to see the new play.**
  새로 시작하는 연극을 빨리 보고 싶어.

- **I'm dying to go traveling again.**
  다시 여행 가고 싶어서 견딜 수가 없어.

bump into 우연히 마주치다(= run into = run across)

- **I keep bumping into you around here.**
  이 근처에서 자주 만나네.

as long as …하는 한

- **Feel free to stay here as long as you like.**
  있고 싶을 때까지 마음놓고 있어.

don't hesitate to+동사 주저말고 …해라

- **If there's anything you need, don't hesitate to ask.**
  필요한거 있으면 바로 말해.

pick out …을 고르다, 선택하다

- **Feel free to pick out whatever you need.**
  원하는거 아무거나 골라.

영어회화 필수표현 276

▎miss the class 수업을 빼먹다

- **Mother is angry because you missed the class.**
  네가 수업을 빠져 엄마가 화났어.

▎work out 운동하다

- **I lost some weight because I go to a gym to work out.**
  체육관가서 운동해서 살 좀 빠졌어.

▎make sb+형용사[동사] …을 하게 하다

- **You make me happy[sick].** 네가 있어 행복해/ 너 때문에 짜증난다.
- **You made her cry!** 네가 걔를 울렸어!

▎have sb+동사 …을 하게 하다(= get sb to+동사)

- **I'll have her call you back as soon as she gets in.**
  걔가 들어오는 대로 전화하라고 할게.
- **I'll get him to apologize to you.** 걔가 너에게 사과하도록 할게.

▎work overtime 야근하다

- **I don't want to work overtime every day.**
  매일 야근하고 싶지 않아.

- **There's no way Kay will work overtime this weekend.**
  케이는 이번 주말에 연장근무를 할 수 없어.

look forward to+명사[~ing] …을 학수고대하다

- **I look forward to receiving it.**
  그거 받을 날만 기다리고 있어.

- **I'm looking forward to getting to know you.**
  널 빨리 알게 되고 싶어.

turn in 제출하다

- **I got him to turn in the report.** 걔가 레포트를 제출하도록 했어.

count on 믿다, 의지하다(= rely on = depend on)

- **Don't worry, you can count on me.** 걱정마. 나만 믿어.

decide to+동사 …하기로 결정하다

- **I've decided to take a holiday and go to Paris!**
  휴가받아 파리에 가기로 했어!

- **I've decided to break up with her.** 걔랑 헤어지기로 했어.

attend the meeting 회의에 참석하다

- **My son decided to attend law school.** 아들이 법대에 가기로 했어.
- **I really like attending concerts.** 정말 콘서트에 가는 걸 좋아해.
- **Why are you attending our English class?**
  왜 우리 영어수업을 듣는거예요?

make a mess 난장판을 만들다

- **You made a mess outside of my house.**
  너 집 밖을 난장판으로 만들어놨어.

bother 방해하다

- **I didn't mean to bother you.** 방해하려는 건 아니었어.

can't afford to~ …할 여유가 없다

- **You can say that again. I can't afford to stay there.**
  그러게나 말야. 거기서 머물 여유가 안돼.

be afraid of~ …을 걱정하다

- **This is what I was afraid of.** 이게 바로 내가 걱정했던거야.

▍ break one's leg 다리가 부러지다

- That's when I **broke my leg**. 그때 다리가 부러진거야.

▍ come to the party 파티에 참석하다

- **Are** you **coming to my party**? 내 파티에 올래?

▍ fall in love with~ …와 사랑에 빠지다

- I'm sorry, but I **fell in love with** another man.
  미안, 하지만 다른 남자를 사랑해.

▍ get even with~ …에게 복수하다

- You broke my heart. I'll **get even with** you!
  내 맘을 찢어놓았어. 갚아주고 말 테다!

▍ get[be] late 늦다 *be late for …에 늦다

- I'd love to, but it**'s really getting late**. 그러고 싶지만 정말 늦었어.

- I don't care if we **are a little late for** the party.
  파티에 조금 늦는다고 해도 신경안써.

영어회화 필수표현 276

apologize to A for B A에게 B를 사과하다

- **Maybe you should apologize to me.** 내게 사과해야지.

- **Come on, I already apologized to you for that.**
  그러지마, 그 때문에 벌써 사과했잖아.

waste one's time 시간을 낭비하다

- **I'm sorry, but I've wasted your time.**
  미안하지만 네 시간을 많이 뺏었네.

get hurt 상처받다

- **There is a chance you can get very hurt!**
  네가 아주 많이 아플 수도 있어!

lose one's way 길을 잃다

- **Excuse me, I seem to have lost my way.**
  실례합니다, 제가 길을 잃은 것 같아요.

prepare for …을 준비하다

- **You'll be sorry if you don't prepare for the test.**
  시험준비를 하지 않으면 후회하게 될거야.

spread the gossip 소문을 퍼트리다

- **You'll be sorry about spreading that gossip.**
  그 소문을 퍼트린 걸 후회하게 될거야.

get to the point 요점을 말하다

- **Could you please get to the point?** 요지를 말씀해 주시겠어요?

have enough of~ …가 지겹다

- **What I'm trying to say is I've had enough of this.**
  내가 하려는 말은 이게 정말 지겹다는거야.

plan to+동사 …할 계획이다

- **I heard that you plan to quit your job.** 직장 그만 둘거라며.

have math class 수학 수업이 있다

- **I think we'll have math class this morning.**
  오늘 아침에 수학 수업이 있을거야.

I would rather+동사 차라리 …하겠어

- **I'd rather not tell you everything.** 네게 다 말하지 않는게 낫겠어.

영어회화 필수표현 276

▌be scheduled to+동사 …로 예정되어 있다

- **When is he scheduled to arrive at the airport?**
  그 사람이 공항에 언제 도착할 예정이니?

▌be in a good mood 기분이 좋다

- **He seems to be in a good mood today.**
  오늘 보니까 걔 기분이 좋은 것 같던데요.

- **I'm serious, she's in a really bad mood.**
  정말야, 걔 기분이 꽤나 안 좋은 것 같아.

▌be willing to+동사 기꺼이 …하다

- **I'm willing to pay as much as 500 dollars for it.**
  그거에 5백달러 정도 낼 의향이 있어.

▌come up (어떤 일이) 생기다, 일어나다

- **We'll give a call if anything comes up.** 무슨 일 있으면 전화줄게요.

▌prefer A (to B) B보다 A를 더 좋아하다

*prefer to+동사 rather than 동사 ~하기 보다 …하겠다

- **I prefer to see action movies.** 액션 영화보는게 더 좋아.

- **I prefer eating out in a restaurant to sitting around at home.** 집에서 쓸데없이 시간보내는 것보다 밖에서 먹고 싶어.

be done with~ …을 끝내다

- I can't understand these directions. I'm done with this!
  이 지시사항을 이해 못하겠어. 그만할테야!

give a raise 봉급인상하다

- I can't believe they didn't give us a raise.
  봉급을 안 올려주다니 기가 막혀.

complain about …에 대해 불평[항의]하다

- I'm here to complain about the noise.
  시끄럽다고 항의하러 왔는데요.

ask sb for a favor …에게 부탁하다

- I'm calling to ask you for a favor. 도움 좀 청할려고 전화했어.

be allowed to+동사 …가 허락되다

- I'm not allowed to drink. 나 술마시면 안돼.

be supposed to+동사 …하기로 되어 있다

- Stop that! You're not supposed to hit on your teacher.
  그만둬! 선생님을 유혹하면 안돼.

영어회화 필수표현 276

get a discount 할인받다 *give a discount 할인해주다

- You'll **get a discount** if you pay in cash.
  현금으로 지불하면 할인받으실 수 있습니다.

- Can you **give me any discount** for paying cash?
  현금으로 계산하면 할인해주나요?

be around the corner 길모퉁이에 있다, 바로 임박했다

- It's **just around the corner**. 바로 길 모퉁이에 있어, 바로 임박했어.

be on business 출장중이다

- I'**m on business**. 출장 중이야.

instead of …대신에

- If it's okay with you I'll take tomorrow off **instead of** Monday. 괜찮다면 월요일 대신 내일 쉬었으면 해.

surf the internet 인터넷 서핑하다

- I wouldn't **surf the Internet** during business hours if I were you. 내가 너라면 근무시간 중에는 인터넷을 하지 않겠어.

split the bill 각자 부담하다

- Let's **split the bill**. 각자 내자.

be out of date 구식이다
- **It's out of date.** 구식이야.

scare sb …을 놀라게하다
- **You're scaring me.** 너 때문에 놀랬잖아.

be to blame …가 비난받아야 한다
- **You're to blame.** 네가 비난 받아야 해.

be off (to) (…로) 출발하다
- **I'm sorry! I must be off right now.** 미안해! 나 지금 바로 나가야돼.

be sick of~ …가 지겹다 (= be fed up with)
- **I'm sick of this.** 난 이게 지겨워.

promise to+동사 …하기로 약속하다
- **Do you promise to pay me back?** 돈 갚는다고 약속하는거지?

have a bad attitude 자세가 안좋다
- **You have a bad attitude.** 자세가 안 좋구만.

영어회화 필수표현 276

▌be fond of+명사[~ing] ···을 좋아하다
- I'm fond of reading novels. 소설 읽는 걸 좋아해요.

▌hold on 잠시 기다리다
- I can fix it. Hold on. 내가 고칠 수 있어. 기다려.

▌if you like 네가 좋다면, 원한다면
- We'll go through them again, if you like.
  네가 원한다면 우리는 그것들을 다시 검토할거야.

▌learn to+동사 ···하는 것을 배우다
- Where did you learn to speak English? 어디서 영어배웠어?

▌work hard 열심히 일하다
- I don't feel like Chris is working hard.
  크리스는 열심히 일하는 것 같지 않아.

▌be busy with ···으로 바쁘다
- We'll be busy. We have a lot of work to do.
  우리는 바쁠거야. 할 일이 무척 많아.

look up 찾아보다, 방문하다

- **Look it up** in the filing cabinet. 파일함에서 그것 좀 찾아봐.

take out 꺼내다, 제거하다

- **Take out** some food for dinner tonight. 오늘 저녁먹을거 포장해와.

get into …하기 시작하다, …에 빠지다

- I just found out that Betty **got into** an accident.
  베티가 사고를 당했다는 사실을 방금 알았어.

MEMO

SECTION 2

Magic Talk! English
기본공식 001-102

핵심공식 001

I'd like a window seat

창가쪽 자리로 주세요

 만년초보 탈출하기

I'd like~ 다음에 다양한 명사를 넣어봅시다.
「창가쪽 자리(window seat)로 주세요」라는 의미입니다. 이렇게 'I'd like+명사'의 형태로 원하는 바를 얘기할 수 있어요.

영어로 직접 말해보고 써보기

1. 맥주 한잔 더 마실래요.
   I'd like another beer.
   ▶ _____

2. 그렇게 하고싶어. (상대의 말을 that으로 받아서)
   I'd like that.
   ▶ _____

3. 같은 걸로 할게요. (음식주문 등의 경우)
   I'd like the same.
   ▶ _____

내 입에서 영어가 나올 줄이야!

A: **I'd like** a window seat.
B: I'm sorry, but they're all sold out.

   A: 창가 쪽 자리로 하고 싶은데요.
   B: 죄송하지만 그쪽 티켓은 다 팔렸어요.

A:
B:

A: I'm going to order a cafe latte with no cream.
B: **I'd like** the same. They make great coffee here.

   A: 난 프림 넣지 않은 까페라떼 주문할래.
   B: 나도 같은 걸로 할래. 여긴 커피 맛있게 끓여주더라.

A:
B:

I'd like to go with you
너하고 같이 가고 싶어

 만년초보 탈출하기

I'd like~ 다음에 다양한 to부정사를 넣어봅시다.
「너하고 같이 가고 싶어」라는 의미입니다. 'I'd like to+동사원형'의 형태로 뭘 하고 싶은지 얘기하는 표현이지요. 'I'd love to+동사원형'도 같은 의미입니다.

 영어로 직접 말해보고 써보기

1. 체크인 하고 싶은데요.
   I'd like to check in.
   ▶

2. 라지 사이즈 피자를 주문하고 싶어요.
   I'd like to order a large pizza.
   ▶

3. 네가 뭘 생각하는지 알고 싶어.
   I'd like to know what you're thinking about.
   ▶

> **내 입에서 영어가 나올 줄이야!**

A: I'd like to check in.
B: OK. Do you have any luggage with you?

   A: 체크인 하고 싶은데요.
   B: 알겠습니다. 짐은 있으신가요?

A:

B:

A: This is Pizza Hut. Can I help you?
B: Yes, I'd like to order a large pizza.

   A: 피자헛입니다. 도와드릴까요?
   B: 네. 피자 라지 한 판 주문하고 싶은데요.

A:

B:

I'd like to, but I have other plans

그러고 싶지만, 다른 계획이 있어

만년초보 탈출하기

I'd like to, but~ 다음에 다양한 문장을 집어넣어 봅시다.

「그러고는 싶지만, 다른 계획이 있어요」라는 말이죠. I'd like to, but~은 제안, 권유 등에 대한 예의바른 거절답변으로, 「그러고는 싶지만~」이라는 의미예요. but 뒤에는 상대의 말대로 할 수 없다는 내용이나 할 수 없는 이유를 문장으로 만들어 붙이죠.

영어로 직접 말해보고 써보기

1. 그러고는 싶지만 너하고 같이 못가.
   I'd like to, but I can't go with you.
   ▶ ....

2. 그러고는 싶지만 일하러 가야 돼.
   I'd like to, but I have to get back to work.
   ▶ ....

3. 그러고는 싶지만 시간이 충분치 않아.
   I'd like to, but I don't have enough time.
   ▶ ....

내 입에서 영어가 나올 줄이야!

A: You should go out with us on Friday night.
B: I'd like to, but I have other plans.

    A: 금요일 밤엔 우리랑 같이 나가자.
    B: 그러고는 싶지만 다른 계획이 있어.

A:

B:

A: Hey, Frank, have a beer with us.
B: I'd like to, but I have to get back to work.

    A: 야, 프랭크, 우리랑 맥주 한잔 하자.
    B: 그러고는 싶지만 다시 일하러 가봐야 해.

A:

B:

핵심공식 004

Would you turn the TV down?

TV소리를 낮춰줄래?

만년초보 탈출하기

Would you~ 다음에 다양한 동사원형을 넣어봅시다.

「TV소리를 낮춰줄래?」라는 말입니다. turn down은 소리나 열 등을 「낮추다」, 「죽이다」라는 뜻이거든요. 뭔가 공손하게 부탁하고 싶을 때는 이렇게 Would you나 Could you 다음에 동사를 붙여서 말하면 됩니다. 자, 한번 다양한 동사구를 바꾸어가면서 이것저것 다 부탁해볼까요?

영어로 직접 말해보고 써보기

1. 언제 한번 나하고 같이 저녁식사 할래?
   Would you have dinner with me sometime?
   ▶

2. 돈 좀 빌려줄래?
   Would you lend me some money?
   ▶

3. 부탁 하나 들어 줄래?
   Could you do me a favor?
   ▶

내 입에서 영어가 나올 줄이야!

A: Would you turn the TV down?
B: Sorry. I didn't realize it was too loud.

  A: TV 소리 좀 줄여줄래?
  B: 미안해. 소리가 너무 큰 줄 몰랐네.

A: _____

B: _____

A: This store sells many fine wines.
B: Could you recommend one for me?

  A: 이 가게에서는 고급 와인을 많이 팔지.
  B: 하나 추천해주겠어?

A: _____

B: _____

핵심공식 005

Would you like some beer?

맥주 좀 드릴까요?

만년초보 탈출하기

Would you like~ 다음에 다양한 명사를 넣어봅시다.
「맥주 좀 드릴까요?」라는 의미입니다. 'Would you like+명사?'의 형태로, 주로 음식 등을 권할 때 상대방의 의향을 물어보는 표현으로 쓰여요. 명사 앞에 형용사로 수식어를 붙이거나 위 문장처럼 뒤에 to부정사나 전치사구 형태의 수식어구를 붙여서 말할 수도 있습니다.

영어로 직접 말해보고 써보기

1. 마실 것 좀 드릴까요?
   Would you like something to drink?
   ▶

2. 작은 걸로 드실래요, 큰 걸로 드실래요?
   Would you like a small or a large size?
   ▶

3. 초콜릿 케익을 먹을래?
   Would you like some chocolate cake?
   ▶

내 입에서 영어가 나올 줄이야!

A: What a long day. I'm really tired.
B: Me too. **Would you like** some beer?

> A: 정말 힘든 하루였어. 굉장히 피곤하다.
> B: 나도 그래. 맥주 좀 마실래?

A: _____

B: _____

A: Give me a Coke, please.
B: No problem. **Would you like** a large or a small size?

> A: 콜라 한 잔 주세요.
> B: 네. 큰 걸로 드릴까요, 작은 걸로 드릴까요?

A: _____

B: _____

핵심공식 006

Would you like to join us?

우리랑 같이 할래?

 만년초보 탈출하기

Would you like~ 다음에 다양한 to부정사를 넣어봅시다.
「우리랑 같이 할래?」하고 제안하는 표현입니다. join은 「합류하다」, 「끼다」라는 의미의 동사예요. 'Would you like to+동사원형?'의 형태는 주로 어떤 일을 함께 하자고 제안하면서 상대의 의향을 물어보는 말로 쓰입니다.

영어로 직접 말해보고 써보기

1. 드라이브 갈래요?
   Would you like to go for a drive?
   ▶ _____

2. 저녁 먹으러 올래요?
   Would you like to come for dinner?
   ▶ _____

3. 언제 한번 나랑 데이트 할래요?
   Would you like to go out with me sometime?
   ▶ _____

내 입에서 영어가 나올 줄이야!

A: **Would you like to** come for dinner?
B: That sounds good. What will you cook?

   A: 저녁 먹으러 올래?
   B: 좋지. 뭐 해줄 건데?

A:

B:

A: **Would you like to** invite Nick to dinner?
B: I don't mind Nick joining us.

   A: 저녁식사에 닉을 초대하고 싶어?
   B: 닉이 함께 해도 난 괜찮아.

A:

B:

핵심공식 007

Would you mind smoking here?

여기서 담배피우면 안될까요?

 만년초보 탈출하기

Would you mind~ 다음에 다양한 ~ing 형태를 넣어봅시다.
「여기서 담배피우면 싫으세요?」, 즉 「여기서 담배피우면 안될까요?」라는 말이에요. Would[Do] you mind ~ing?의 형태로 상대의 양해를 구하는 표현이지요. 「…하는 것, 괜찮아요?」라는 의미가 됩니다.

영어로 직접 말해보고 써보기

1. 나 좀 도와주면 안될까?
   Would you mind giving me a hand?
   ▶ _____

2. 내일 날 데리러 와주면 안될까?
   Do you mind picking me up tomorrow?
   ▶ _____

3. 나한테 설명을 좀 해주면 안될까?
   Do you mind explaining it to me?
   ▶ _____

내 입에서 영어가 나올 줄이야!

A: **Would you mind giving me a hand?**
B: **Sorry, but I'm really busy at the moment.**

   A: 좀 도와주면 안될까?
   B: 미안하지만 지금은 정말 바빠.

A:

B:

A: **Do you mind picking me up tomorrow?**
B: **Not at all. I'll be there at 7 a.m.**

   A: 내일 나 좀 데리러 와주면 안될까?
   B: 문제없어. 아침 7시에 갈게.

A:

B:

Do you mind if I don't go?

내가 안가면 안될까?

 만년초보 탈출하기

Would you mind~ 다음에 다양한 if절을 넣어봅시다.
「나 안가면 안될까?」라고 양해를 구하는 표현으로, 의미는 앞의 패턴과 같은 의미의 표현이다. 다만 if절(if+주어+동사)를 이용해서 표현했을 뿐이지요.

영어로 직접 말해보고 써보기

1. 한번 둘러봐도 괜찮을까요?
   Would you mind if I take a look around?
   ▶ ....

2. 내가 안가면 안될까요?
   Do you mind if I don't go?
   ▶ ....

3. (난방기구의) 온도를 낮추면 안될까요?
   Do you mind if I turn the heat down?
   ▶ ....

내 입에서 영어가 나올 줄이야!

A: Do you mind if I smoke?
B: Not at all. Please feel free to.

    A: 담배 피우면 안될까?
    B: 안되긴. 편안하게 피워.

A:

B:

A: Are you comfortable in this room, Mr. Suh?
B: Do you mind if I turn the heat down?

    A: 서 선생님, 방은 편안하세요?
    B: 방 온도를 낮추면 안될까요?

A:

B:

핵심공식 009

I can do it
난 할 수 있어

 만년초보 탈출하기

I can~ 다음에 다양한 동사를 넣어봅시다.

「난 할 수 있어」라는 의미이죠. I can 다음에 동사원형이 와서 「…을 할 수 있다」는 것을 나타내요. see나 hear 등의 지각동사가 오면 '능력'보다는 '가능'하다는데 초점이 맞춰져 「보인다」, 「들린다」 등과 같이 해석되지요.

영어로 직접 말해보고 써보기

1. 내가 갈 때 널 태워다 줄게.
   I can drop you off when I leave.
   ▶

2. 혼자(내힘으로) 처리할 수 있어.
   I can handle it by myself.
   ▶

3. 내가 집에서 널 돌볼 수 있어.
   I can take care of you at home.
   ▶

> **내 입에서 영어가 나올 줄이야!**

A: Do you need help cleaning your kitchen?
B: No, I can handle it by myself.

  A: 부엌 치우는 것 도와줄까?
  B: 아니, 혼자 할 수 있어.

A:

B:

A: Look, there's the Statue of Liberty.
B: Oh, I can see it.

  A: 야, 자유의 여신상이다.
  B: 아, 나도 보여.

A:

B:

핵심공식 010

I can't believe it
믿을 수가 없어

 만년초보 탈출하기

I can't~ 다음에 다양한 동사를 넣어봅시다.

「믿을 수가 없어」라는 말이죠. 앞의 'I can+동사'의 부정형태인 'I can't+동사'의 문형입니다. I can~과 I can't~은 정반대의 의미지만 발음구별이 쉽지 않아 애를 먹는데, can은 /큰/ 정도로 약하게 들리고, can't의 경우에는 can't 자체를 힘주어 말하게 되어 /캐앤/ 하고 약간 끌듯이 발음됩니다.

영어로 직접 말해보고 써보기

1. 네 목소리가 잘 안들려.
   I can't hear you very well.
   ▶ ....

2. 네 생각이 떠나질 않아.
   I can't stop thinking about you.
   ▶ ....

3. 더 이상은 이렇게 못해.
   I can't do this anymore.
   ▶ ....

내 입에서 영어가 나올 줄이야!

A: **I can't** watch a movie without popcorn.
B: Don't be so picky.

   A: 난 팝콘 없이는 영화를 못봐.
   B: 너무 까다롭게 굴지마.

A:

B:

A: **I can't do** this anymore. It's driving me crazy.
B: You should take a break.

   A: 더 이상은 이렇게 못해. 이것 때문에 미치겠다구.
   B: 잠깐 쉬어.

A:

B:

You can do anything
넌 뭐든 할 수 있어

 만년초보 탈출하기

You can~ 다음에 다양한 동사를 넣어봅시다.

「넌 뭐든 할 수 있어」라는 격려의 표현이죠. 'You can+동사원형'으로 당신의 '능력'이 어떻다는 것 뿐아니라 '허가' 및 '명령'의 뉘앙스를 나타낼 수 있어요.

 영어로 직접 말해보고 써보기

1. 빌이라고 불러.
   You can call me Bill.
   ▶

2. 이제 탑승해주십시오.
   You can board the plane now.
   ▶

3. 언제든 내게 전화해.
   You can call me any time.
   ▶

내 입에서 영어가 나올 줄이야!

A: Do you need me to stay longer?
B: No, we're all finished. You can go.

   A: 내가 좀 더 있어야 하나요?
   B: 아뇨, 우리 일은 다 끝났어요. 가도 좋아요.

A:

B:

A: You can board the plane now.
B: Good. I was getting tired of waiting.

   A: 이제 비행기에 탑승해 주십시오.
   B: 잘됐군요. 기다리는데 지쳐가는 중이었어요.

A:

B:

핵심공식 012

You can't do this to me

너 나한테 이럴 수는 없어

🎓 **만년초보 탈출하기**

You can't~ 다음에 다양한 동사를 넣어봅시다.

「너 나한테 이럴 수는 없어」, 즉 「이러면 안돼」라는 의미입니다. 'You can't+동사원형'은 '금지'의 의미로 빈번하게 쓰이죠.

✏️ **영어로 직접 말해보고 써보기**

1. 걔한테 말하면 안돼.
   You can't talk to her.
   ▶ _____

2. 넌 나를 여기에 홀로 놔두면 안돼.
   You can't leave me here alone.
   ▶ _____

3. 내게 그런 식으로 말하지마!
   You can't talk to me like that!
   ▶ _____

내 입에서 영어가 나올 줄이야!

A: **We're letting you go.**

B: **You can't do this to me. I'm a good employee.**

   A: 이 일에서 자네를 해고해야겠어.

   B: 저한테 이러실 수는 없어요. 전 성실한 직원이라구요.

A:

B:

A: **Turn left and go straight for 2 blocks. You can't miss it.**

B: **Thank you so much.**

   A: 왼쪽으로 돌아서 두 블럭 곧장 가세요. 쉽게 찾을거예요.

   B: 정말 고맙습니다.

A:

B:

핵심공식 013

Can I get you something?

내가 너한테 뭐 좀 갖다줄까?

 만년초보 탈출하기

Can I~ 다음에 다양한 동사를 넣어봅시다.

「내가 너한테 뭐 좀 갖다줄까?」 혹은 「사다줄까?」라는 표현입니다. 식당 등에서 종업원이 「뭘 드릴까요?」라는 의미로 쓰는 표현이기도 합니다. 「…해도 되는지」 혹은 「…해줄까」라는 의미의 'Can I+동사~?'의 다양한 문장을 살펴보도록 하세요.

영어로 직접 말해보고 써보기

1. 내가 태워다줄까?
   Can I give you a ride?
   ▶

2. 잠깐 얘기 좀 할 수 있을까?
   Can I talk to you for a second?
   ▶

3. 핸드폰 좀 빌려줄래?
   Can I borrow your cell phone?
   ▶

내 입에서 영어가 나올 줄이야!

A: **Can I get you something?**
B: **I'd like to look at a menu.**

   A: 뭐 좀 갖다드릴까요?
   B: 메뉴 좀 보고요.

A: _____

B: _____

A: **Can I talk to you for a second?**
B: **OK. What's on your mind?**

   A: 잠깐 얘기 좀 할 수 있을까?
   B: 그럼. 무슨 얘긴데?

A: _____

B: _____

핵심공식 014

Can I have a bill, please?

계산서 좀 갖다 주시겠어요?

 만년초보 탈출하기

Can I~ 다음에 다양한 have+명사를 넣어봅시다.
직역하면 「내가 계산서를 가져도 될까?」, 즉 「계산서 좀 갖다 줄래요?」라는 요청의 표현이죠. 'Can I+동사원형?'의 대표적인 표현 중의 하나인 'Can I have+명사?'의 형태로 해당 명사를 「달라고」 상대방에게 부탁하는 표현입니다. 좀 정중하게 보이려면 끝에 please를 붙이면 되죠.

영어로 직접 말해보고 써보기

1. 이거 환불해 주시겠어요?
   Can I have a refund for this?
   ▶

2. 지하철 노선표 좀 보여 줄래요?
   Can I have a subway map?
   ▶

3. 잠깐 얘기 좀 할까?
   Can I have a word with you?
   ▶

내 입에서 영어가 나올 줄이야!

A: **Can I get** a refund for this?
B: Sure. Do you have a receipt?

    A: 이거 환불해 주시겠어요?
    B: 네. 영수증 있으세요?

A:

B:

A: Why are you crying?
B: Oh, it's nothing. **Can I have** a tissue?

    A: 왜 울고 있는거야?
    B: 응, 아무것도 아냐. 휴지 좀 줄래?

A:

B:

Can you join us?
우리랑 같이 할래?

 만년초보 탈출하기

Can you~ 다음에 다양한 동사를 넣어봅시다.

「우리랑 같이 할래?」라는 표현이죠. 이렇게 Can you+동사원형~?의 형태로 상대에게 부탁하거나 의향을 물어보는 문장을 만들 수 있어요. 좀더 정중하게 하려면 끝에 please를 붙이거나 Could you ~?, Would you ~?를 이용하면 돼요.

영어로 직접 말해보고 써보기

1. 금요일에 내가 여는 파티에 와줄래?
   Can you come to my party on Friday?
   ▶ ....

2. 우리랑 같이 할래?
   Can you join us?
   ▶ ....

3. 일요일에 만날래?
   Can you meet me on Sunday?
   ▶ ....

> 내 입에서 영어가 나올 줄이야!

A: Would you like something to drink?
B: **Can you** get me some water, please?

    A: 뭐 좀 드시겠어요?
    B: 물 좀 갖다주실래요?

A:

B:

A: What's on TV tonight?
B: I don't know. **Can you** pass me the TV guide?

    A: 오늘 밤 TV에서 뭐해?
    B: 몰라. TV 가이드 좀 건네줄래?

A:

B:

핵심공식 016

She may be right
걔가[걔 말이] 맞을지도 몰라

 만년초보 탈출하기

may를 사용한 평서문으로 추측하는 문장을 만들어 봅시다.
「걔가[걔 말이] 맞을지도 몰라」라는 의미입니다. 의문문이 아닌 평서문에서 조동사 may는 「…일지도 몰라」하고, 자신없는 추측성 얘기라는 것을 나타낼 때 쓰여요.

 영어로 직접 말해보고 써보기

1. 내일은 비가 올지도 모르겠어.
   It may rain tomorrow.

    _____

2. 걔가 여기 제일 먼저 올지도 몰라.
   She may come here first.

    _____

3. 일 때문에 파리로 이사가야 할지도 몰라.
   I may have to move to Paris for my job.

    _____

> **내 입에서 영어가 나올 줄이야!**

A: Have you seen my car keys?

B: No. **They may be** in your bag.

    A: 내 자동차 열쇠 못봤어?

    B: 아니. 네 가방 속에 있을지도 몰라.

A:

B:

A: Susan said that I should take the job offer.

B: **She may be** right.

    A: 수전 말로는 내가 이 일자리 제의를 받아들여야 한대.

    B: 걔 말이 맞을지도 몰라.

A:

B:

I'll call you later
내가 나중에 전화할게

 만년초보 탈출하기

I will~ 다음에 다양한 동사를 넣어봅시다.

「내가 나중에(later) 전화할게」라는 말입니다. I will은 곧잘 축약되어 I'll로 나타내죠. 조동사인 will 다음에는 '동사원형'이 와서 「내가 (꼭) …할게」라는 의미를 나타내요.

 영어로 직접 말해보고 써보기

1. 최선을 다할게요.
   I'll do my best.
   ▶ ....

2. 이 도시 관광을 시켜드릴게요.
   I'll show you around the city.
   ▶ ....

3. 그럼 4시에 보자구.
   I will see you at 4.
   ▶ ....

내 입에서 영어가 나올 줄이야!

A: I want you to study very hard in school.
B: OK. I'll do my best.

A: 네가 학교에서 아주 열심히 공부했으면 해.
B: 알겠어요. 최선을 다할게요.

A:

B:

A: Let's go out. I'll show you around the city.
B: That sounds like fun.

A: 나가자. 이 도시를 구경시켜줄게.
B: 재미있겠는걸.

A:

B:

You'll be surprised
너 놀랄걸

 만년초보 탈출하기

You will~ 다음에 다양한 동사를 넣어봅시다.
「너 놀랄걸」이라는 말이죠. You will 다음에 '동사원형'이 와서 「너 …하게 될걸」이라고 미래의 일을 예측하는 표현이에요.

 영어로 직접 말해보고 써보기

1. 괜찮아질거야.
   You'll be fine.
   ▶ ....

2. 비가 오면 난처해질텐데.
   You'll be in trouble if it rains.
   ▶ ....

3. 1월 11일까지 지불해야 할걸.
   You'll have to pay for them by Jan. 11th.
   ▶ ....

내 입에서 영어가 나올 줄이야!

A: We can finish before the deadline. You'll see.

B: I hope so.

> A: 마감 전에 끝낼 수 있을거야. 두고 보라구.
> B: 나도 그러길 바래.

A:

B:

A: We decided to hold the festival outside.

B: You'll be in trouble if it rains.

> A: 축제는 야외에서 열기로 했어요.
> B: 비가 내리면 곤란해질텐데.

A:

B:

I won't tell anyone
아무에게도 말하지 않을게

 만년초보 탈출하기

I won't(=will not)~ 다음에 다양한 동사를 넣어봅시다.
「아무에게도 말하지 않을게」라는 말이죠. won't는 will not을 줄여서 표시한 거예요. 물론 강조하려면 will not 그대로 쓰거나 will never를 사용합니다. won't의 발음이 [wount]라는거, 다시 한번 주의해야 되겠죠?

영어로 직접 말해보고 써보기

1. 다시는 그런 일 없도록 할게.
   I won't let it happen again.
   ▶ ....

2. 이 얘기 못믿을거야.
   You'll never believe it.
   ▶ ....

3. 걘 나랑 같이 가고 싶어하지 않을거야.
   She won't want to go with me.
   ▶ ....

내 입에서 영어가 나올 줄이야!

A: Please keep my illness a secret.

B: I promise I will. I won't tell anyone.

    A: 내 병은 비밀로 해줘.

    B: 약속해. 아무에게도 말하지 않을게.

A:

B:

A: Do you think I can buy a house?

B: It won't be easy. You don't have much money.

    A: 내가 집을 살 수 있을거라고 생각해?

    B: 쉽진 않을거야. 돈이 별로 없잖아.

A:

B:

Will you marry me?
나하고 결혼해줄래?

 만년초보 탈출하기

Will you~ 다음에 다양한 동사를 넣어봅시다.

「나하고 결혼해줄래?」라는 전형적인 청혼의 표현이죠. 'Will you+동사원형 ~?'의 형태로 부탁을 하거나 혹은 상대의 특정 행동을 촉구해볼 수 있습니다.

 영어로 직접 말해보고 써보기

1. 나 좀 도와줄래?
   Will you help me?
   ▶ ....

2. 나랑 춤출래?
   Will you dance with me?
   ▶ ....

3. 나랑 같이 갈래?
   Will you go with me?
   ▶ ....

내 입에서 영어가 나올 줄이야!

A: Can I have the bill for this?

B: **Will you** pay for this by cash or by check?

   A: 청구서를 주시겠어요?

   B: 현금으로 계산하시겠습니까, 수표로 하시겠습니까?

A:

B:

A: I heard that you have to meet our manager.

B: That's true. **Will you** go with me?

   A: 저희 관리책임자를 만나야겠다고 하셨다면서요.

   B: 맞아요. 같이 가주실래요?

A:

B:

You should do that

당연히 그렇게 해야지

 만년초보 탈출하기

You should~ 다음에 다양한 동사를 넣어봅시다.

「당연히 그렇게 해야지」라는 말이죠. 'You should+동사원형'의 형태로 「…해야지」라는 의미를 나타낼 수 있답니다. 반대로 「…하면 안되지」라고 하려면 'You shouldn't+동사원형'의 문형을 사용하지요.

영어로 직접 말해보고 써보기

1. 걔하고 얘길 해봐.
   You should talk to her.
   ▶ _____

2. 걔한테 데이트 신청을 해봐.
   You should ask her out.
   ▶ _____

3. 넌 걔에 대해서 좀 알아야 할게 있어.
   You should know something about her.
   ▶ _____

내 입에서 영어가 나올 줄이야!

A: I think that girl is very cute.

B: **You should** ask her out. She'll probably say yes.

   A: 저 여자애 되게 귀여운 것 같아.

   B: 데이트 신청을 하라구. 아마 좋다고 할거야.

A:

B:

A: **You should** know something about her.

B: What are you talking about?

   A: 그 여자에 대해서 좀 알아야 할게 있어.

   B: 그게 무슨 소리야?

A:

B:

Should I go there alone?
거기 혼자 가야 하나?

 만년초보 탈출하기

Should I~ 다음에 다양한 동사를 넣어봅시다.
「거기 혼자 가야 하나?」라는 의미죠. 'Should I + 동사원형?'은 「내가 …을 해야 하는지」 남에게 조언을 구하는 말이에요.

 영어로 직접 말해보고 써보기

1. 택시를 타야 하나?
   Should I take a taxi?
   ▶

2. 걔한테 다시 전화해줘야 하나?
   Should I call him back?
   ▶

3. 북쪽 도로를 타야 하나요?
   Should I take the northern route?
   ▶

내 입에서 영어가 나올 줄이야!

A: I want to go downtown. **Should I** take a taxi?

B: No. It's easier to use the subway.

   A: 시내로 가고 싶어. 택시를 타야 하나?

   B: 아니. 전철을 타는게 더 쉬워.

A:

B:

A: A new bar opened in your neighborhood.

B: I'd like to go there. **Should I** go there alone?

   A: 너희 동네에 바가 새로 생겼어.

   B: 나 거기 가고 싶어. 혼자 가야 하나?

A:

B:

핵심공식 023

I have to go now
나 이제 가봐야 해

 만년초보 탈출하기

I have to~ 다음에 다양한 동사를 넣어봅시다.

「나 이제 가봐야 해」라는 말이죠. 주어를 I로 한 'I have to+동사원형'의 형태는 「나 …해야 돼」라는 의미예요. I 말고도 we나 he, she 등의 주어 뒤에도 have to를 쓸 수 있어요. 단, he나 she는 3인칭 단수주어이니 has to를 써야겠죠?

영어로 직접 말해보고 써보기

1. 시험공부 해야 돼.
   I have to study for my exams.
   ▶ ....

2. 오늘 밤에 늦게까지 일해야 돼.
   I have to work late tonight.
   ▶ ....

3. 걘 좀 더 열심히 노력해야 돼.
   She has to try harder.
   ▶ ....

내 입에서 영어가 나올 줄이야!

A: **I have to** go now. See you later.

B: Thanks for visiting our house.

    A: 이제 가봐야겠어요. 나중에 봐요.

    B: 저희 집에 와주셔서 감사합니다.

A:

B:

A: Are you ready? **We have to** get started.

B: Just give me a few more minutes.

    A: 준비됐어? 이제 시작해야 돼.

    B: 몇분만 더 시간을 줘.

A:

B:

핵심공식 024

Do I have to keep it?

내가 그걸 갖고 있어야 하는거야?

 만년초보 탈출하기

Do I have to~ 다음에 다양한 동사를 넣어봅시다.

「내가 그걸 갖고 있어야 하는거야?」라는 말이에요. 「내가 …해야 하는 건지」 물어보려면 'I have to+동사원형'을 의문문으로 만들어 주어야 하죠. 즉, 조동사를 앞으로 빼서 'Do I have to+동사원형?'의 형태를 만들어 주는거예요. 혹은 앞서 말한 사실을 굳이 또 언급해줄 필요없이 Do I have to?만으로 「꼭 해야 돼?」라고 물어볼 수 있죠.

영어로 직접 말해보고 써보기

1. 나 가야 하는거야?
   Do I have to go?
   ▶

2. 뭔가에 서명이라도 해야 하나요?
   Do I have to sign anything?
   ▶

3. 지금 당장 걔한테 얘기해야 돼?
   Do I have to tell him right now?
   ▶

> **내 입에서 영어가 나올 줄이야!**

A: Your grandmother gave you this shirt.

B: Do I have to keep it? I don't like the color.

    A: 할머니가 너한테 이 셔츠를 사주셨어.

    B: 이거 꼭 가져야해요? 색이 맘에 들지 않는데요.

A: ....

B: ....

A: Tell John that he's been fired.

B: Do I have to tell him right now?

    A: 존에게 해고됐다고 말해.

    B: 지금 말해야 하나요?

A: ....

B: ....

핵심공식 025

You have to do something

너 뭔가 해야지

 만년초보 탈출하기

You have to~ 다음에 다양한 동사를 넣어봅시다.
「너 뭔가 해야지」라고 하면서 뭔가 행동을 취할 것을 촉구하는 말입니다. 'You have to+동사원형'의 형태로 「너 …해야 하잖아」 혹은 「…해야지」라는 의미를 나타냅니다.

 영어로 직접 말해보고 써보기

1. 너 이제 가봐야지.
   You have to go.
    _____

2. 담배를 끊어야 해.
   You have to stop smoking.
   _____

3. 외국어를 공부해야 해.
   You have to study a foreign language.
    _____

내 입에서 영어가 나올 줄이야!

A: You have to stop smoking.
B: I know, but it's very difficult.

> A: 넌 담배를 끊어야 돼.
> B: 알아, 하지만 그게 굉장히 힘드네.

A:

B:

A: The water heater in my apartment is broken.
B: You have to do something. It needs to be fixed.

> A: 우리집 온수기가 고장났어.
> B: 어떻게 좀 해봐. 고쳐야 하잖아.

A:

B:

핵심공식 026

You don't have to do it
그렇게 할 필요는 없어

 만년초보 탈출하기

You don't have to~ 다음에 다양한 동사를 넣어봅시다.

「그렇게 할 필요는 없어」라는 말이에요. 'You don't have to+동사원형'의 부정문 형태로 「네가 …할 필요는 없지」, 「…하지는 않아도 돼」라는 의미입니다. 때에 따라 「…할 것까진 없잖아」하고 항의하는 표현도 되죠.

 영어로 직접 말해보고 써보기

1. 집까지 바래다줄 것까진 없는데.
   You don't have to walk me home.
   ▶ ....

2. 미안하다고 말할 필요는 없어.
   You don't have to say you're sorry.
   ▶ ....

3. 지금 당장 대답해야만 하는 건 아냐.
   You don't have to give me an answer right now.
   ▶ ....

> **내 입에서 영어가 나올 줄이야!**

A: I'll go with you to your house.

B: **You don't have to** walk me home. I'll be okay.

> A: 너희 집까지 같이 가줄게.
> B: 집까지 바래다줄 것까진 없어. 괜찮아.

A: ....

B: ....

A: Thank you for the job offer.

B: Consider it. **You don't have to** give me an answer right now.

> A: 일자리 제의를 주셔서 감사해요.
> B: 생각해봐요. 당장 대답해야 하는 건 아니니까요.

A: ....

B: ....

Do you have to work tonight?

오늘밤에 일해야 해?

만년초보 탈출하기

Do you have to~ 다음에 다양한 동사를 넣어봅시다.
「오늘밤에 일해야 해?」라는 의미입니다. 「너…해야 하니?」하고 물어볼 때는 'Do you have to+동사원형?'의 형태를 이용해요.

영어로 직접 말해보고 써보기

1. 다시 일하러 가야 돼?
   Do you have to go back to work?
   ▶ ....

2. 계속 그렇게 해야 돼?
   Do you have to keep doing that?
   ▶ ....

3. 그 회의에 참석해야 해?
   Do you have to attend the meeting?
   ▶ ....

내 입에서 영어가 나올 줄이야!

A: Do you have to work tonight?

B: Yes, I'm sorry I can't go out to dinner with you.

> A: 오늘 밤에 일해야 해?
> B: 응, 같이 저녁 먹으러 못가서 미안해.

A:

B:

A: Do you have to do anything special at work?

B: No, nothing special right now.

> A: 회사에서 뭐 특별히 해야 할 일이라도 있어?
> B: 아니, 지금은 없어.

A:

B:

핵심공식 028

I have a problem
문제가 있어

 만년초보 탈출하기

I have~ 다음에 형체가 있는[없는] 명사를 넣어봅시다.

「문제가 있어」라는 의미의 표현이에요. problem, idea 등 생각이나 개념에 불과한 '형체 없는 명사'들도 I have의 목적어 자리에 올 수 있지요. 또한 우리말로 「나 그거 갖고 있어」라고 할만한 명사들, 즉 '형체가 있는명사'를 I have 뒤에 넣어 「…를 가지고있다」, 「…가 있다」라는 의미를 만들어봅시다.

영어로 직접 말해보고 써보기

1. 나한테 좋은 생각이 있어.
   I have a good idea.
   ▶ _____

2. 다음 주에 면접이 있어.
   I have a job interview next week.
   ▶ _____

3. 나한테 티켓이 한 장 있어.
   I have a ticket.
   ▶ _____

> **내 입에서 영어가 나올 줄이야!**

A: What are your plans for tonight?
B: **I have** a date. We're going out for dinner.

   A: 오늘밤 뭐해?
   B: 데이트가 있어. 나가서 저녁먹을거야.

A:

B:

A: How about a movie? **I have** an extra ticket.
B: Sure, that would be fun.

   A: 영화보는거 어때? 남는 표가 한 장 있는데.
   B: 좋지, 재미있겠다.

A:

B:

핵심공식 029

I have no idea
몰라

 만년초보 탈출하기

I have~ 다음에 no+명사를 넣어봅시다.
「생각이 없다」, 즉 「몰라」라는 의미입니다. I have not any idea라고 하기보다는 I have no idea라고 하는 편이 좀더 일반적이지요. I have no 다음에 여러가지 명사를 넣어 「나 …가 없어」라는 의미의 문장을 만들어볼까요?

영어로 직접 말해보고 써보기

1. 선택의 여지가 없어.
   I have no choice.
   ▶ _____

2. 친구가 없어.
   I have no friends.
   ▶ _____

3. 할 말이 없구나[얘기 안할래].
   I have nothing to say.
   ▶ _____

> 내 입에서 영어가 나올 줄이야!

A: So, you can't come? But you promised.
B: I'm so sorry, but **I have no** choice.

> A: 그래서, 못온다는거야? 약속했잖아.
> B: 정말 미안해. 방법이 없어.

A: ....

B: ....

A: You can tell me her secret, right?
B: No. **I have nothing to** say about that.

> A: 걔 비밀 나한테 말해줄 수 있지, 그렇지?
> B: 몰라. 거기에 대해선 아무 할 말이 없어.

A: ....

B: ....

핵심공식 030

I have a headache

머리 아파

 만년초보 탈출하기

I have~ 다음에 질병을 나타내는 명사를 넣어봅시다.

「나 두통이 있어」, 「머리 아파」라는 뜻이에요. headache는 「두통」을 나타내는 명사구요. 이렇게 I have~ 다음에는 '질병을 나타내는 명사'가 와서 몸 어디 어디가 「아프다」는 말을 할 수도 있어요.

 영어로 직접 말해보고 써보기

1. 나 감기걸렸어.
   I have a cold.
   ▶ _____

2. 열이 있어.
   I have a fever.
   ▶ _____

3. 목이 따끔따끔해.
   I have a sore throat.
   ▶ _____

내 입에서 영어가 나올 줄이야!

A: Can you help me? I have a cold.

B: Sure. I've got some medicine.

    A: 나 좀 도와줄래? 감기에 걸렸어.

    B: 그럼. 내가 약을 좀 갖고 있어.

A:

B:

A: You look kind of sick today.

B: I feel terrible. I have a sore throat.

    A: 너 오늘 좀 아파보이는구나.

    B: 아주 안좋아. 목이 따끔거려.

A:

B:

I usually have lunch at noon

난 보통 정오에 점심을 먹어

만년초보 탈출하기

have 동사 다음에 음식 명사를 넣어봅시다.

「난 보통(usually) 정오에 점심을 먹어」라는 의미죠. have 뒤에 '음식을 나타내는 명사'가 와서 「먹다」라는 의미로 쓰인 경우입니다.

영어로 직접 말해보고 써보기

1. 난 저녁으로 스테이크 먹었어.
   I had steak for dinner.
   ▶

2. 난 맥주 마실래요. (음식주문시)
   I'll have a beer.
   ▶

3. 나 어제 걔하고 저녁 먹었어.
   I had dinner with her yesterday.
   ▶

> **내 입에서 영어가 나올 줄이야!**

A: Have you eaten yet?
B: Yes I did. I had steak for dinner.

    A: 밥 먹었어?
    B: 응. 저녁으로 스테이크 먹었어.

A:

B:

A: What would you like to order?
B: I'll have a beer.

    A: 무엇을 주문하시겠습니까?
    B: 맥주로 할래요.

A:

B:

I'd like to have a rest

나 쉬고 싶어

 만년초보 탈출하기

have + 명사로 다양한 동작을 나타내는 경우를 알아봅시다.
「나 쉬고 싶어」라는 의미죠. 이와 같이, have 다음에는 다양한 명사가 와서 「동작」을 나타내는 경우도 있습니다.

 영어로 직접 말해보고 써보기

1. 나 목욕했어.
   I had a bath.
    ....

2. 걘 즐거운 시간을 보내고 있지.
   He's having a good time.
    ....

3. 걔네들, 크게 싸웠어.
   They had a big fight.
    ....

내 입에서 영어가 나올 줄이야!

A: Where's your husband?
B: In the bar. **He's having** a good time with his friends.

   A: 네 남편은 어디 갔어?
   B: 바에 있어. 친구들하고 즐거운 시간을 보내고 있지.

A:

B:

A: Why is Sally angry at Harry?
B: **They had** a big fight last night.

   A: 샐리는 왜 해리한테 화가 난거야?
   B: 어젯밤에 대판 싸웠어.

A:

B:

핵심공식 033

I had my hair cut
나는 (남을 시켜서) 머리를 잘랐어

 만년초보 탈출하기

have 다음에 명사+과거분사의 형태를 만들어 봅시다.

「나는 (남을 시켜서) 머리를 잘랐다」는 얘기네요. '나는 명사(my hair)를 가지고 있는데, 그 명사는 누군지는 모르지만 남이 그렇게 해줘서 과거분사의 상태(cut)가 되었다'는 말이 되겠죠. 이 문장에서의 cut은 모습은 동사원형과 똑같지만 과거분사로 쓰인 것입니다. 「자르다」라는 동사 cut은 cut-cut-cut의 형태로 변화한다는거 잊지 마세요.

 영어로 직접 말해보고 써보기

1. 내 차를 고쳤어.
   I had my car fixed.
   ▶
   ....

2. 그 방을 청소시켰어.
   I had the room cleaned.
   ▶
   ....

3. 시계를 도둑맞았어.
   I had my watch stolen.
   ▶
   ....

내 입에서 영어가 나올 줄이야!

A: I had my car fixed.

B: How much did it cost?

> A: 차를 수리했어.
>
> B: 얼마 들었냐?

A:

B:

A: I'll have the room cleaned before the meeting.

B: Good idea.

> A: 회의 전에 이 방을 청소시킬게요.
>
> B: 좋은 생각이야.

A:

B:

핵심공식 034

You have a nice car

너 멋진 차를 갖고 있구나

🎓 만년초보 탈출하기

You have ~ 다음에 다양한 명사를 넣어봅시다.

「너 멋진 차를 갖고 있구나」, 즉 「네 차 멋있다」라는 의미의 문장이죠. 'You have+명사'의 형태로 상대방이 무엇을 가지고 있는지 말할 수 있는데요, 형태를 가진 것이든, 형태가 없는 것이든 모두 모두 목적어로 올 수 있답니다.

✎ 영어로 직접 말해보고 써보기

1. (당신 가족은) 대가족이네요.
   You have a large family.
   ▶ ....

2. 기억력이 좋으시네요.
   You have a good memory.
   ▶ ....

3. 크리스에게서 전화 왔어요. (전화를 바꿔주면서)
   You have a call from Chris.
   ▶ ....

내 입에서 영어가 나올 줄이야!

A: I have two sisters and three brothers.

B: Wow! You have a large family.

    A: 난 누나가 둘에 남동생이 셋이야.

    B: 이야! 대가족이로군.

A:

B:

A: Didn't we meet at a party a few years ago?

B: You have a good memory.

    A: 우리, 몇년 전에 파티에서 만났었죠?

    B: 기억력이 좋으시네요.

A:

B:

You have no idea how boring it is

얼마나 지루한지 넌 모를거야

만년초보 탈출하기

You have no idea how~ 의 구문을 익혀봅시다.

「얼마나 지루한지 넌 몰라」라는 의미입니다. 앞에서 다루었던 I have no idea~가 「(난) 몰라」라는 뜻이니까 You have no idea라고 하면 「넌 모른다」는 뜻이 되겠죠. 거기에 「얼마나 …한지 모른다」는 뜻으로 'how+형용사+주어+동사'의 형태를 만들어 붙이면 「얼마나 …한지 넌 아마 모를걸」이라는 의미의 표현이 되는거예요.

영어로 직접 말해보고 써보기

1. 얼마나 신났었는지 넌 모를거야.
   You have no idea how exciting it was.
   ▶

2. 그 여자가 얼마나 예쁜지 넌 모를거야.
   You have no idea how pretty she is.
   ▶

3. 걔네들 소리가 얼마나 시끄러운지 넌 몰라.
   You have no idea how loud they are.
   ▶

> **내 입에서 영어가 나올 줄이야!**

A: How was your trip to Paris?

B: You have no idea how exciting it was.

    A: 파리 여행은 어땠어?

    B: 얼마나 신났었는지 넌 모를거야.

A:

B:

A: I heard that you're studying economic theory.

B: You have no idea how boring it is.

    A: 너 경제 이론을 공부한다면서.

    B: 그게 얼마나 지루한지 넌 모를거야.

A:

B:

Do you have kids?
자녀가 있나요?

만년초보 탈출하기

Do you have~ 다음에 다양한 명사를 넣어봅시다.

「자녀가 있니?」라는 말. Do you have~다음에는 I have~나 You have ~에서와 마찬가지로 유형·무형의 여러가지 명사들이 올 수 있습니다. 「너 …갖고 있니?」라는 뜻이 되겠죠.

 영어로 직접 말해보고 써보기

1. 너 헤드폰 있어?
   Do you have the headphones?
   ▶ _____

2. 오늘밤 묵을 방 있나요? (호텔 등에서)
   Do you have a room for tonight?
   ▶ _____

3. 저녁 먹을 시간 있어요?
   Do you have time for dinner?
   ▶ _____

내 입에서 영어가 나올 줄이야!

A: Do you have a brother?

B: No, I have an older sister and a younger sister.

A: 남자형제가 있니?

B: 아니, 누나 한명에 여동생이 한명 있어.

A:

B:

A: My wife and I have been married for six years.

B: Do you have kids?

A: 우리 부부는 결혼한지 6년 됐어요.

B: 자녀는 있나요?

A:

B:

Do you have any questions?

질문 있나요?

 만년초보 탈출하기

Do you have any~ 다음에 다양한 명사를 넣어봅시다.
「질문 있나요?」라는 뜻으로 명사 앞에 any가 붙어 있는 것이 그 특징입니다. any는 수나 양이 확실치 않은 것을 의미하는 단어로 위 문장은 질문의 개수가 중요한 것이 아니라 질문이 있는지 없는지, 즉 질문의 유무에 초점을 두고 있습니다.

영어로 직접 말해보고 써보기

1. 무슨 계획이라도 있어?
   Do you have any plans?
   ▶

2. 뭐 좀 아는 것 있어?
   Do you have any idea?
   ▶

3. 다른 상표 제품은 있나요?
   Do you have any other brands?
   ▶

> 내 입에서 영어가 나올 줄이야!

A: Did you figure out the math homework?
B: Nope. Do you have any idea how to do it?

   A: 수학숙제 풀었어?
   B: 아니. 너 어떻게 그걸 하는지 아는 것 좀 있어?

A:

B:

A: Do you have any plans tonight?
B: Possibly. What do you have in mind?

   A: 오늘 밤에 무슨 계획이라도 있어?
   B: 어쩌면 생길 지도 몰라. 뭐할 생각인데?

A:

B:

핵심공식 038

I got an e-mail from her

개한테서 이메일 받았어

 만년초보 탈출하기

get~ 다음에 다양한 명사를 넣어봅시다.
「개한테서 이메일 받았어」라는 의미죠. 만능동사 get이 기본의미인 「받다」(receive)라는 의미로 쓰인 경우입니다. get은 돈을 주고 사거나 어디 가서 가져오거나 누가 거저 주었거나 어쨌든 「손에 넣는 것」을 의미한답니다.

영어로 직접 말해보고 써보기

1. 그 상점에서 새 수영복을 샀어.
   I got a new swimsuit at the store.
   ▶

2. 운전면허를 땄어.
   I got my driver's license.
   ▶

3. 영어시험에서 A+를 받았어.
   I got an A+ on my English test.
   ▶

내 입에서 영어가 나올 줄이야!

A: **I got** my driver's license today.
B: Soon you'll have to buy yourself a car.

   A: 오늘 운전면허 땄어.
   B: 곧 차를 사야겠구나.

A:

B:

A: You look happy. What's up?
B: **I got** a promotion today.

   A: 기분 좋아 보이네. 무슨 일이야?
   B: 나 오늘 승진했어.

A:

B:

I got home after work

퇴근 후에 집에 갔어

만년초보 탈출하기

get~ 다음에 다양한 장소를 넣어봅시다.

「퇴근 후에(after work) 집에 갔다」는 말로, get 다음에 특히 'to+장소'의 형태가 오면 get은 「도착하다」라는 의미를 나타내게 됩니다. 물론 부사인 home, there, here 등은 그냥 바로 이어집니다.

영어로 직접 말해보고 써보기

1. 공항에 도착하는데 두 시간이 걸렸다.
   It took us two hours to get to the airport.
   ▶

2. 저녁을 먹으려고 아래층에 내려갔지.
   I got downstairs for dinner.
   ▶

3. 난 거기 제시간에 도착했어.
   I got there on time.
   ▶

내 입에서 영어가 나올 줄이야!

A: Were you late for your doctor's appointment?
B: No, I got there on time.

A: 병원 예약시간에 늦었어?
B: 아니, 제 시간에 갔어.

A:

B:

A: After unpacking, I got downstairs for dinner.
B: How was the food in the restaurant?

A: 짐을 풀고 나서 아래층에 저녁먹으러 내려갔지.
B: 그 식당 음식은 어땠니?

A:

B:

He got a phone call
걔가 전화를 받았어

 만년초보 탈출하기

get의 그외 다양한 의미들을 알아봅시다.

「걔가 전화를 받았어」라는 의미죠. get에는 앞서 연습한 것들 외에도 여러가지 의미들이 있습니다. 전화를 받거나 문을 열어 주는 것, 버스 등을 타는 것, 알아 듣거나 이해하는 것, 그리고 have 대신에 질병 이름과 함께 쓰여 「병에 걸린 다」는 것을 강조하는 것 등이 모두 get의 쓰임새예요.

영어로 직접 말해보고 써보기

1. (전화가 오거나 초인종이 울렸을 때) 내가 받을게, 내가 열게.
   I'll get it.

   ▶

2. 우린 42번 버스를 타야 돼.
   We need to get the 42 bus.

   ▶

3. 이제 알겠다.
   Now I get it.

   ▶

> 내 입에서 영어가 나올 줄이야!

A: Which bus will take us downtown?

B: We need to get the 42 bus.

    A: 몇번 버스가 시내로 가?

    B: 42번 버스를 타야 돼.

A:

B:

A: I can hear the telephone ringing.

B: Me too. I'll get it.

    A: 전화벨이 울리는 소리가 들리는데.

    B: 나도 들려. 내가 받을게.

A:

B:

핵심공식 041

I got fat
나 살이 쪘어

 만년초보 탈출하기

get~ 다음에 다양한 형용사를 넣어봅시다.
「나 살이 쪘어」라고 하는 말입니다. get 다음에 「형용사」가 오게 되면 「…하게 되다」, 「…해지다」라는 의미로 상태의 변화를 나타내죠. 'I'외에도 다양한 주어로 표현해봅시다.

영어로 직접 말해보고 써보기

1. 나 걔한테 엄청나게 화났었어.
   I got really mad at him.
   ▶

2. 술을 마시면 난 빨개져.
   I get red when I drink.
   ▶

3. 점점 나아지고[나빠지고] 있어.
   It's getting better[worse].
   ▶

내 입에서 영어가 나올 줄이야!

A: What happened when your boyfriend forgot your birthday?
B: I got really mad at him.

    A: 네 남자친구가 네 생일을 잊었을 때 어떻게 됐어?
    B: 나 걔한테 무지 화났어.

A:

B:

A: Is it warm enough for you?
B: Not really. My feet are getting cold.

    A: 이 정도면 따뜻해?
    B: 별로. 발이 차가워지고 있어.

A:

B:

I'm getting married in July

나 7월에 결혼해

만년초보 탈출하기

get~ 다음에 다양한 과거분사를 넣어봅시다.

「나 7월에 결혼해」라는 의미의 문장입니다. get+과거분사는 be+과거분사, 즉 '수동태'의 문장에서 be동사 대신 쓸 수 있습니다. 「과거분사의 상태가 되다」라는 의미죠.

영어로 직접 말해보고 써보기

1. 나 오늘 해고됐어.
   I got fired today.
   ▶ ....

2. 열쇠도 없이 방문을 잠그고 나와버렸네.
   I got locked out of my room.
   ▶ ....

3. 그 사람은 경찰에게 붙잡혔어.
   He got caught by the police.
   ▶ ....

내 입에서 영어가 나올 줄이야!

A: Are you upset about something?

B: I feel awful. I got fired today.

    A: 뭐 화나는 일 있니?

    B: 기분 더러워. 오늘 해고당했다구.

A:

B:

A: What happened to Chris?

B: He got caught cheating on the exam.

    A: 크리스에게 무슨 일 있었어?

    B: 시험에서 부정행위하다 걸렸어.

A:

B:

I'll get you some Coke

내가 너한테 콜라 좀 갖다줄게

 만년초보 탈출하기

get~ 다음에 사람+사물의 형태를 만들어 봅시다.
「내가 너한테 콜라 갖다줄게」라는 의미의 말입니다. get 다음에는 목적어가 두 개 나올 수 있는데, 주로 'get+사람+물건'의 형태죠. 「사람에게…을 갖다 준다」는 의미입니다. 목적어 순서를 바꾸면 for를 써서 get+물건+for+사람이라고 하면 됩니다.

영어로 직접 말해보고 써보기

1. 걔가 나한테 비싼 옷 사줬어.
   He got me an expensive dress.
   ▶

2. 너한테 파이 한조각 갖다줄게.
   Let me get you a piece of pie.
   ▶

3. 먹을 것 좀 갖다줄래?
   You get me something to eat?
   ▶

내 입에서 영어가 나올 줄이야!

A: My boyfriend got me an expensive dress.

B: Hmm... Is he rich?

> A: 내 남자친구가 비싼 옷을 사줬어.
>
> B: 흠… 걔 부자니?

A:

B:

A: This coffee tastes great.

B: Let me get you a piece of pie to go with it.

> A: 커피 맛 좋네.
>
> B: 커피랑 같이 먹도록 파이 한 조각 갖다줄게.

A:

B:

핵심공식 044

He always gets me upset

걘 항상 날 화나게 해

 만년초보 탈출하기

get~ 다음에 명사+형용사의 형태를 만들어 봅시다.

「걘 항상 날 화나게 해」, 즉 「난 늘 걔 때문에 화가 나」라는 뜻이 되겠죠. 이렇게 'get+목적어(명사)+형용사'의 형태는 「주어가 목적어를 형용사의 상태로 만든다」는 의미랍니다.

영어로 직접 말해보고 써보기

1. 손을 따뜻하게 할 수가 없네.
   I can't get my hands warm.
   ▶

2. 그 어떤 것도 걜 화나게 만들 수 없어.
   Nothing can get him mad.
   ▶

3. 저녁을 준비해야 돼.
   We must get dinner ready.
   ▶

내 입에서 영어가 나올 줄이야!

A: Bill seems to be a very patient guy.

B: Yeah. Nothing can get him mad.

    A: 빌은 굉장히 참을성이 있는 것 같아.

    B: 응. 어떤 일에도 화를 내지 않지.

A:

B:

A: The office is really cold today.

B: I know. I can't get my hands warm.

    A: 오늘 사무실이 정말 춥구나.

    B: 그러게. 손을 따뜻하게 할 수가 없네.

A:

B:

핵심공식 045

I got my hair cut

머리를 잘랐어

 만년초보 탈출하기

get 다음에 명사+과거분사의 형태를 만들어 봅시다.
「머리를 잘랐어」라는 뜻이죠. 어? 이 문장 어디선가 봤는데…? have+목적어(명사)+과거분사의 설명에서 나온 문장이지요? 이렇게 똑같은 문형에서 have와 get을 바꿔써도 된답니다. 의미는 남을 시켜서 「…를 해 받는다」, 혹은 어떤 일을 「당하다」라는 것이죠.

영어로 직접 말해보고 써보기

1. 차를 (맡겨서) 세차했어.
   I got my car washed.
   ▶ ....

2. 자전거를 고쳤어.
   I got my bicycle fixed.
   ▶ ....

3. 애들 옷을 입혀야지.
   You should get the children dressed.
   ▶ ....

내 입에서 영어가 나올 줄이야!

A: **You look different today.**

B: **I got my hair cut. Does it look good?**

    A: 너 오늘 좀 달라보인다.

    B: 머리를 잘랐거든. 보기 좋아?

A:

B:

A: **I got my car washed today.**

B: **That's a good thing to do while the weather is nice.**

    A: 오늘 세차를 했어.

    B: 날씨 좋을 때 세차하는게 좋지.

A:

B:

I'll get her to go out with me

걔가 나하고 데이트하게 만들거야

 만년초보 탈출하기

get 다음에 명사+to부정사의 형태를 만들어 봅시다.

「걔가 나하고 데이트하게 만들거야」라는 말이에요. go out with sb는 '…와 데이트하다'라는 기본 표현이죠. 이렇게 get+목적어(명사)+to부정사의 구조로 「목적어를 설득하거나 지시하여 …하게 만들다」라는 의미를 나타낼 수 있습니다.

영어로 직접 말해보고 써보기

1. 걘 내가 돈을 내도록 하려고 하더라니까.
   He tried to get me to pay for it.
   ▶

2. 걜 진정시킬 수가 없었어.
   I couldn't get him to calm down.
   ▶

3. 경비원에게 열어달라고 해야겠네.
   You should get security to open it up.
   ▶

내 입에서 영어가 나올 줄이야!

A: The door is locked.

B: You should get security to open it up.

   A: 문이 잠겼네.

   B: 경비를 불러 열어달라고 해야겠네.

A:

B:

A: Did Harry make you pay for dinner?

B: He tried to get me to pay for it, but I refused.

   A: 해리가 저녁값을 네가 내게 했단 말야?

   B: 내가 돈을 내게끔 하려고 하더라구. 하지만 싫다고 했어.

A:

B:

I've got four tickets

나 티켓 네 장 갖고 있어

만년초보 탈출하기

I have got~ 다음에 다양한 명사를 넣어봅시다.

「나 티켓 네 장 갖고 있어」라는 뜻입니다. I "have" four tickets라고 해도 돼요. 이렇게 have got+명사의 형태는 have+명사와 똑같이 「…을 갖고 있다」는 의미죠. 하지만, have와 같다고는 해도 「갖고 있다」는 뜻 외에 다른 의미로 쓰인 have는 have got으로 바꿀 수 없다는거 잊지 마세요. 예를 들면 have lunch(점심먹다)와 같은 경우에는 have를 have got으로 바꿀 수 없습니다.

영어로 직접 말해보고 써보기

1. 나 데이트가 있어.
   I've got a date.

2. 나한테 생각이 있어.
   I've got an idea.
   ▶

3. 애가 둘이에요.
   I've got two kids.

내 입에서 영어가 나올 줄이야!

A: How can we make some money?
B: I've got an idea. Do you want to hear it?

    A: 어떻게 하면 돈을 벌 수 있을까?
    B: 나한테 생각이 있어. 들어볼래?

A:

B:

A: Why are you dressed so formally tonight?
B: I've got a date that I want to impress.

    A: 오늘 왜 그렇게 정식으로 차려입었어?
    B: 데이트가 있는데 강한 인상을 주고 싶어.

A:

B:

핵심공식 048

I've got to go
나 이제 가봐야 해

 만년초보 탈출하기

I have got to~ 다음에 다양한 동사를 넣어봅시다.
「나 이제 가봐야 해」라는 의미입니다. I have got to+동사원형의 형태네요. have got은 have와 같다고 했으니 이는 I have to+동사원형으로 바꿀 수 있겠네요. 의미는 「…해야 한다」는 뜻이구요.

영어로 직접 **말해보고 써보기**

1. 너한테 말해야겠어.
   I've got to tell you.
   ▶ _____

2. 난 사무실로 돌아가 봐야 해.
   I've got to go back to my office.
   ▶ _____

3. 난 이제 뭔가 해야만 해.
   I've got to do something now.
   ▶ _____

내 입에서 영어가 나올 줄이야!

A: Can you join us for a few drinks?
B: No, I've got to go back to my office.

    A: 우리랑 같이 술이나 몇잔 마실래?
    B: 아니, 사무실로 돌아가봐야 해.

A:

B:

A: This is dangerous. You've got to be careful.
B: Don't worry about me.

    A: 이 일은 위험해. 조심해야 한다구.
    B: 내 걱정하지마.

A:

B:

핵심공식 049

I like to swim
난 수영하길 좋아해

 만년초보 탈출하기

I like~ 다음에 명사 혹은 **to+동사원형** 혹은 **~ing**형태를 넣어봅시다.
「난 수영하길 좋아해」라는 의미죠. 내가 좋아하는 것을 말할 때는 I like+명사, 그리고 「활동」, 「행동」을 말할 땐 I like to+동사원형의 형태를 이용하면 되는데요, to+동사 대신에 ~ing 형태를 써도 같은 뜻이죠.

 영어로 직접 말해보고 써보기

1. 이 사진, 맘에 든다.
   I like this picture.
   ▶ ....

2. 난 아침에 조깅하는 걸 좋아해.
   I like to jog in the morning.
   ▶ ....

3. 난 야구경기 관람하는 걸 좋아해.
   I like to watch baseball games.
   ▶ ....

내 입에서 영어가 나올 줄이야!

A: You look nice today. I like your tie.

B: Thank you.

> A: 오늘 멋있어보이네. 넥타이 참 좋다.
> B: 고마워.

A:

B:

A: I like to jog in the morning.

B: Really? So do I.

> A: 난 아침에 조깅하는 걸 좋아해.
> B: 정말? 나도 그런데.

A:

B:

핵심공식 050

I don't like to talk about it

그 얘기 하기 싫어

 만년초보 탈출하기

I don't like~ 다음에 다양한 명사나 to부정사나 ~ing 형태를 넣어봅시다.

「거기에 대해서는(about it) 얘기하기 싫어」라는 의미네요. 싫은 일을 명사 하나로 표현하기 힘들 때는 to+동사원형을 이용하면 돼요. 물론 to+동사원형 대신에 ~ing 형태를 써도 같은 의미지요. 물론 I don't like+명사의 형태도 많이 쓰이죠.

 영어로 직접 말해보고 써보기

1. 우리 상사가 맘에 안들어.
   I don't like my boss.
   ▶

2. 거기에 대해 생각하기 싫어.
   I don't like to think about that.
   ▶

3. 설거지하기 싫어.
   I don't like to do the dishes.
   ▶

내 입에서 영어가 나올 줄이야!

A: **I don't like** my boss.
B: **You should probably try to find another job.**

> A: 우리 상사가 맘에 안들어.
> B: 다른 일을 찾아봐야겠구나.

A:

B:

A: **We may never see each other again.**
B: **I don't like to think about that.**

> A: 우리 다시는 서로 볼 일 없을거야.
> B: 생각하기도 싫다.

A:

B:

Do you like to play golf?

골프치는거 좋아해?

 만년초보 탈출하기

Do you like~ 다음에 명사 혹은 **to+동사원형** 또는 **~ing**형태를 넣어봅시다. 「골프치는거 좋아해?」라고 묻고 있는거죠. 앞서의 경우와 마찬가지로 like 다음에 to+동사원형이 와도 되고 ~ing 형태가 와도 됩니다. 물론, I like+명사, I don't like+명사에서 처럼 Do you like+명사?도 많이 쓰인답니다.

 영어로 직접 **말해보고 써보기**

1. 하시는 일은 맘에 드세요?
   Do you like your job?
   ▶ ....

2. 커피마시는 걸 좋아해?
   Do you like to drink coffee?
   ▶ ....

3. 농구경기 보는거 좋아해?
   Do you like to watch basketball games?
   ▶ ....

내 입에서 영어가 나올 줄이야!

A: Do you like your job?

B: I really enjoy doing my work.

    A: 하는 일은 마음에 드니?

    B: 정말 즐겁게 일하고 있어.

A:

B:

A: Do you like working in construction?

B: It's challenging work.

    A: 건설업에서 일하는게 좋아?

    B: 만만치 않은 일야.

A:

B:

I know her name

나 걔 이름 알아

 만년초보 탈출하기

I know~ 다음에 다양한 명사를 넣어봅시다.

「나 걔 이름 알아」라는 말이죠. 'I know+명사'의 형태로 내가 아는 것에 대해 말할 수 있습니다. 직접 알지 못할 경우에는 know of~를 씁니다.

 영어로 직접 말해보고 써보기

1. 나 걔가 누군지 알아.
   I know of her.
   ▶

2. 쿵후에 대해서라면 뭐든 다 알아.
   I know all about kung fu.
   ▶

3. 뉴욕에 있는 근사한 가게를 알고 있어.
   I know a lovely store in New York.
   ▶

내 입에서 영어가 나올 줄이야!

A: **I know all about** kung fu.

B: Why don't you show me some moves?

    A: 난 쿵후에 대해서라면 뭐든 다 알아.

    B: 동작을 좀 보여줘.

A:

B:

A: I'd like to buy some antiques.

B: **I know** a lovely antique store in New York.

    A: 골동품을 좀 사고 싶은데.

    B: 뉴욕에 근사한 가게를 알고 있어.

A:

B:

핵심공식 053

I know what you mean

네가 무슨 뜻으로 얘기하는 건지 알아

 만년초보 탈출하기

I know~ 다음에 다양한 명사절을 만들어 넣어봅시다.

「네가 무슨 뜻으로 얘기하는 건지(mean) 알아」라는 말이에요. I know 다음에 앞서 배운 명사 대신 명사상당어구, 즉 명사는 아니지만 명사처럼 쓰일 수 있는 명사구나 명사절이 오는 문형입니다. 먼저 '의문사+to+동사'가 명사구로 know의 목적어로 올 수 있구요, 또한 대표적인 종속접속사 that을 이용한 'I know that+주어+동사,' 의문사를 이용한 'I know+의문사+주어+동사'의 문형 등이 know의 목적어로 명사절이 온 경우입니다.

영어로 직접 말해보고 써보기

1. 이 게임 어떻게 하는지 알아.
   I know how to play this game.
   ▶
   ....

2. 네가 무슨 얘기하고 있는 건지 알아.
   I know what you're talking about.
   ▶
   ....

3. 그 사람이 유부남이라는거 알아.
   I know that he's a married man.
   ▶
   ....

> **내 입에서 영어가 나올 줄이야!**

A: It seems like things are getting more and more expensive.

B: I know what you're talking about.

　A: 물가가 점점 비싸지는 것 같아.
　B: 무슨 소린지 알겠어.

A: ⁣

B: ⁣

A: We're playing cards. Want to join us?

B: Sure. I know how to play this game.

　A: 카드놀이 하려고 하는데. 같이 할래?
　B: 좋지. 나 포커 칠 줄 알아.

A: ⁣

B: ⁣

핵심공식 054

I don't know my size

내 사이즈가 몇인지 몰라

 만년초보 탈출하기

I don't know ~ 다음에 다양한 명사를 넣어봅시다.

옷이나 신발 등을 사려고 할 때 「내 사이즈가 몇인지 몰라」라는 말이에요. I know~에 부정문이라는 것을 나타내는 '조동사(do)+not'이 살짝 끼어든 것뿐이니 그리 어려울 건 없죠? 뒤에 사람이나 사물 등의 명사를 넣어봅시다.

영어로 직접 말해보고 써보기

1. 그 여자 나이를 몰라.
   I don't know her age.
   ▶

2. 걔 휴대폰 번호를 모르는걸.
   I don't know his cell phone number.
   ▶

3. 난 랜디랑 그다지 친하지 않아.
   I don't know Randy very well.
   ▶

내 입에서 영어가 나올 줄이야!

A: Can you tell me more about that guy?

B: Sorry, I don't know Danny very well.

   A: 저 남자에 대해서 좀더 얘기해줄래?

   B: 미안한데, 난 대니하고 별로 안친해.

A:

B:

A: You should call Glen and invite him.

B: I don't know his cell phone number.

   A: 너 글렌에게 전화해서 초대해야지.

   B: 걔 전화번호를 모르는걸.

A:

B:

I don't know about that

난 그것에 대해서는 아는게 없어

 만년초보 탈출하기

I don't know~ 다음에 다양한 about+명사를 넣어봅시다.
「난 그것에 대해서는 아는게 없어」라는 말이지요. 이렇게 어떤 사실이나 사항에 '관해서' 아는지 모르는지를 언급할 때는 about+명사의 전치사구를 써요.

영어로 직접 말해보고 써보기

1. 부동산에 관해서는 아는게 없어.
   I don't know about real estate.
   ▶ ....

2. 새 계획에 대해서는 몰라.
   I don't know about the new plans.
   ▶ ....

3. 요가에 대해 아는게 없어.
   I don't know about yoga.
   ▶ ....

내 입에서 영어가 나올 줄이야!

A: Could you give me some advice about real estate?

B: Sorry. **I don't know about** that.

> A: 부동산에 관해서 조언 좀 해줄래?
> B: 미안해. 부동산에 대해서는 아는게 없어.

A:

B:

A: This movie is amazing, isn't it?

B: **I don't know about** that. I find it a little boring.

> A: 이 영화 대단해, 그렇지 않아?
> B: 그건 잘 모르겠어. 나는 좀 지루하던데.

A:

B:

핵심공식 056

I don't know what to do

뭘 해야 할지 모르겠어

만년초보 탈출하기

I don't know~ 다음에 의문사를 이용한 명사절[구]를 넣어봅시다.

「뭘 해야 할지 모르겠어」라는 의미의 말입니다. 앞에 I know+명사에서도 잠깐 다뤘지만, '의문사(what)+to+동사원형(do)'의 형태 역시 명사처럼 쓰입니다. 이 문장은 I don't know what I should do와도 같은 의미죠. 그밖에 보통 「의문사+주어+동사」의 명사절이나 '(that)+주어+동사'가 올 수 있는데, why의 경우에는 뒤에 절을 붙이지 않고 그냥 I don't know why의 형태로「이유를 모르겠어」라는 의미의 말로 쓰이기도 합니다.

영어로 직접 말해보고 써보기

1. 어떻게 감사를 드려야 할지 모르겠어요.
   I don't know how to thank you.

    _____

2. 네가 무슨 얘기하는 건지 모르겠어.
   I don't know what you're talking about.

   ▶ _____

3. 걔가 왜 화를 내는지 모르겠네.
   I don't know why she's angry.

    _____

내 입에서 영어가 나올 줄이야!

A: I saw you dating another woman.
B: I don't know what you're talking about.

　A: 네가 딴 여자 만나는거 봤어.
　B: 무슨 소리하는 건지 모르겠네.

A:

B:

A: Here's the present I got for your birthday.
B: I don't know how to thank you.

　A: 이거, 네 생일이라서 선물 준비했어.
　B: 어떻게 감사드려야 할지 모르겠네요.

A:

B:

핵심공식 057

Do you know that?
너 그거 알아?

  만년초보 탈출하기

Do you know~ 다음에 다양한 명사를 넣어봅시다.
「너 그거 알아?」라는 말로, 뭔가 새롭고 놀라운 소식을 전하면서 말머리에 쓸 수 있는 표현입니다. know 다음에 다양한 명사를 넣어보면서 문장을 만들어 봐요.

 영어로 직접 말해보고 써보기

1. 너 걔 이메일 주소 알아?
   Do you know her e-mail address?
   ▶ _____

2. 너 크리스 알아?
   Do you know Chris?
   ▶ _____

3. 너 걔 전화번호 알아?
   Do you know her phone number?
   ▶ _____

내 입에서 영어가 나올 줄이야!

A: Do you know Chris?
B: No, I don't think we ever met before.

　A: 크리스 알아?
　B: 아니, 전에 한번도 만나본 적이 없는걸.

A:

B:

A: You can ask the school's advisor about that.
B: Do you know her e-mail address?

　A: 지도교수님한테 그 문제를 여쭤봐.
　B: 교수님 이메일 주소 알아?

A:

B:

Do you know anything about jazz?

재즈에 대해 아는 것 좀 있어?

 만년초보 탈출하기

Do you know~ 다음에 anything about+명사의 형태를 만들어봅시다.
「재즈에 대해 뭐 좀 아는거 있어?」라는 의미입니다. 이렇게 Do you know anything about+명사?의 형태로 상대에게 그 명사에 대한 정보를 구할 수 있죠. 또한 Do you know any+명사?의 형태도 쓰일 수 있어요.

 영어로 직접 말해보고 써보기

1. 근사한 식당 아는데 있어?
   Do you know any good restaurants?
   ▶ ....

2. 이력서에 대해서 뭐 좀 아는거 있어?
   Do you know anything about resumes?
   ▶ ....

3. 차 수리에 대해 뭐 좀 알아?
   Do you know anything about fixing cars?
   ▶ ....

내 입에서 영어가 나올 줄이야!

A: **Let's grab a bite to eat.**

B: **Do you know any good restaurants?**

    A: 뭐 좀 먹으러 가자.

    B: 좋은 식당 아는데 있어?

A:

B:

A: **Do you know anything about fixing computers?**

B: **Why? Isn't yours working properly?**

    A: 컴퓨터 수리에 대해 뭐 좀 알아?

    B: 왜? 네 컴퓨터 작동이 잘 안되냐?

A:

B:

Do you know who she is?

그 여자가 누군지 알아?

만년초보 탈출하기

Do you know~ 다음에 다양한 명사절[구]을 넣어봅시다.
「그 여자가 누군지 알아?」라는 의미입니다. 앞서와 마찬가지로 '의문사+주어+동사,' '(that)+주어+동사,' '의문사+to+동사원형' 등 다양한 명사절이나 구가 know의 목적어로 쓰일 수 있습니다.

영어로 직접 말해보고 써보기

1. 내가 한 말 알아들었어?
   Do you know what I'm saying?
   ▶

2. 기차가 언제 출발하는지 아세요?
   Do you know when the train leaves?
   ▶

3. 걔가 지금 어디 있는지 알아?
   Do you know where he is right now?
   ▶

내 입에서 영어가 나올 줄이야!

A: Do you know when the train arrives?

B: It's scheduled to be here at 7 a.m.

A: 기차가 언제 도착하는지 아세요?

B: 오전 7시에 도착하는 것으로 되어있어요.

A:

B:

A: Do you know who she is?

B: Yeah, she's the new assistant manager of the department.

A: 저 여자 누군지 알아?

B: 응, 우리 부서에 새로 온 차장이잖아.

A:

B:

I think he's wrong
걔 말이 틀린 것 같아

만년초보 탈출하기

I think ~ 다음에 다양한 문장을 연결시켜 봅시다.

「걔 말이 틀린 것 같아」라는 의미입니다. 어때요? 그냥 He's wrong(걔 말이 틀려)이라고 딱 잘라 말하는 것보다 훨씬 부드럽죠? 여러가지 문장 앞에 I think를 붙여 자기 의견을 부드럽게 피력해 봅시다.

영어로 직접 말해보고 써보기

1. 네가 맘에 들어할 것 같아.
   I think you'll like it.
   ▶ _____

2. 지금 가봐야 할 것 같아요.
   I think I must be going now.
   ▶ _____

3. 우리 늦을 것 같아.
   I think we're going to be late.
   ▶ _____

내 입에서 영어가 나올 줄이야!

A: Sam said he saw a ghost in the hallway.
B: **I think** he's lying.

> A: 샘이 복도에서 유령을 봤대.
> B: 거짓말하는 것 같아.

A:

B:

A: **I think** we're going to be late.
B: We've got plenty of time.

> A: 우리 늦을 것 같아.
> B: 시간 충분해.

A:

B:

I don't think she's pretty

걔가 예쁘다고 생각하지 않아

만년초보 탈출하기

I don't think~ 다음에 다양한 문장을 연결시켜 봅시다.

「걔가 예쁘다고 생각하지 않아」라는 의미예요. I think she's not pretty라고 해도 마찬가지 의미이지만 I don't think~로 말할 때보다 좀더 강한 느낌을 줍니다.

영어로 직접 말해보고 써보기

1. 걔는 안올 것 같아.
   I don't think she will come.
   ▶ ....

2. 내가 그걸 해야 한다는 생각이 안 들어.
   I don't think I should do that.
   ▶ ....

3. 내일 비가 올 것 같지는 않은데.
   I don't think it will rain tomorrow.
   ▶ ....

내 입에서 영어가 나올 줄이야!

A: Invite him for dinner tonight.
B: I don't think I should do that.

    A: 오늘 밤에 그 사람한테 저녁 초대를 해.
    B: 그래야 한다는 생각 안 드는데.

A:

B:

A: I don't think it will rain tomorrow.
B: Have you seen the weather forecast?

    A: 내일 비올 것 같진 않아.
    B: 일기예보 봤어?

A:

B:

핵심공식 062

Do you think he's right?

개 말이 맞는 것 같니?

🎓 **만년초보 탈출하기**

Do you think~ 다음에 다양한 문장을 연결시켜 봅시다.
「걔 말이 맞는 것 같아?」라는 의미의 표현이에요. 상대방의 생각이 어떤지 확인하고 싶을 때 요긴한 문형입니다.

 영어로 직접 말해보고 써보기

1. 너무 비싸다고 생각해?
   Do you think it's too expensive?
   ▶ _____

2. 이 색깔이 나한테 어울리는 것 같니?
   Do you think this color suits me?
   ▶ _____

3. 우리가 이 일을 제시간에 끝낼 수 있을 것 같니?
   Do you think we can finish it on time?
   ▶ _____

> **내 입에서 영어가 나올 줄이야!**

A: My boss says that I don't work enough.

B: Do you think he's right?

    A: 상사가 그러는데 내가 일을 충분히 하지 않는대.

    B: 상사 말이 맞는 것 같아?

A:

B:

A: Do you think this color suits me?

B: No, I don't think you should buy blue clothing.

    A: 이 색깔, 나한테 어울리는 것 같아?

    B: 아니, 넌 파란 옷은 사면 안되겠다.

A:

B:

Don't you think she's pretty?

걔 예쁜 것 같지 않냐?

🎓 만년초보 탈출하기

Don't you think~ 다음에 다양한 문장을 연결시켜 봅시다.

「걔 예쁜 것 같지 않아?」라는 말이죠. 우리말로도 약간 그렇지만 Don't you think~?로 물어보면 은연중에 '나는 그렇게 생각하는데 너는 그렇지 않니?'라는 뉘앙스를 띠게 되죠.

✏️ 영어로 직접 말해보고 써보기

1. 좋은 생각같지 않니?
   Don't you think it's a great idea?
   ▶ ....

2. 멋있어 보이는 것 같지 않냐?
   Don't you think it looks great?
   ▶ ....

3. 이번엔 걔 말이 틀린 것 같지 않아?
   Don't you think she's wrong this time?
   ▶ ....

내 입에서 영어가 나올 줄이야!

A: Is this your new car?

B: Yes. **Don't you think** it looks great?

    A: 이거 네 새 차니?

    B: 응. 근사해 보이지 않냐?

A:

B:

A: I will give her roses, and say I love her. **Don't you think** it's a good idea?

B: **Don't you think** that is too traditional?

    A: 걔한테 장미주면서 사랑한다고 말할거야. 좋은 생각같지 않아?

    B: 그거 너무 구식이라는 생각 안드냐?

A:

B:

187

핵심공식 064

I feel like taking a shower

샤워하고 싶어

 만년초보 탈출하기

I feel like~ 다음에 다양한 ~ing 형태를 넣어봅시다.
「샤워하고 싶어」라는 말입니다. feel like ~ing는 「…를 먹고 싶다」 혹은 「…를 하고 싶다」는 의미지요. ~ing 자리에 다양하게 동사를 바꾸어 가면서 자신이 무엇을 하고 싶은지 표현해봐요.

영어로 직접 말해보고 써보기

1. 시원한 맥주 마시고 싶다.
   I feel like drinking a cold beer.
   ▶ ....

2. 잠깐 잠을 자고 싶어.
   I feel like sleeping for a while.
   ▶ ....

3. 커피 한잔 마시고 싶어.
   I feel like having a cup of coffee.
   ▶ ....

> **내 입에서 영어가 나올 줄이야!**

A: Do you want to go out?

B: Later. I feel like taking a shower first.

   A: 나갈래?

   B: 나중에. 먼저 샤워부터 하고 싶어.

A:

B:

A: I feel like drinking a cold beer.

B: There are a few in the fridge. Help yourself.

   A: 시원한 맥주 한잔하고 싶다.

   B: 냉장고에 몇 개 있어. 맘껏 갖다 먹어.

A:

B:

I don't feel like doing anything

아무것도 하고 싶지 않아

만년초보 탈출하기

I don't feel like~ 다음에 다양한 ~ing 형태를 넣어봅시다.
「아무것도 하고 싶지 않아」라는 의미죠. I feel like ~ing의 부정문 형태인 「…하고 싶지 않다」는 의미의 I don't feel like ~ing 문형을 연습해보기로 하죠. 단순히 "하기 싫어"라고 말하려면 I don't feel like it이라고 합니다.

영어로 직접 말해보고 써보기

1. 오늘은 나가고 싶지 않아.
   I don't feel like going out today.

   ▶

2. 지금은 잠을 자고 싶지 않아.
   I don't feel like sleeping right now.

   ▶

3. 오늘밤 저녁하기 싫어.
   I don't feel like making dinner tonight.

   ▶

내 입에서 영어가 나올 줄이야!

A: It's time to go to bed.
B: I don't feel like sleeping right now.

A: 잠자리에 들 시간이야.
B: 지금은 잠을 자고 싶지 않아.

A:

B:

A: I don't feel like doing anything today.
B: Come on, don't be so lazy.

A: 오늘은 아무것도 하기가 싫어.
B: 왜 이래, 그렇게 게으르게 살지마.

A:

B:

I need your help
네 도움이 필요해

 만년초보 탈출하기

I need~ 다음에 다양한 명사를 넣어봅시다.
「네 도움이 필요해」, 「네가 꼭 도와줘야 돼」라는 의미입니다. need 다음에 여러가지 꼭 가졌으면 하는 것, 꼭 했으면 하는 일들을 뜻하는 명사를 넣어볼까요?

 영어로 직접 말해보고 써보기

1. 약을 좀 먹어야겠어.
   I need some medicine.
   ▶

2. 좀 쉬어야겠어.
   I need some rest.
   ▶

3. 결정하려면 시간이 좀더 있어야 돼요.
   I need more time to decide.
   ▶

내 입에서 영어가 나올 줄이야!

A: I have a severe headache and I need some medicine.

B: Do you want Tylenol or aspirin?

A: 두통이 심해. 약을 좀 먹어야겠어.

B: 타이레놀이나 아스피린 줄까?

A:

B:

A: You seem to be getting a little fat.

B: I know. I need more exercise.

A: 너 조금씩 살이 붙고 있는 것 같다.

B: 맞아. 운동을 좀더 해야 돼.

A:

B:

I need to think about it

거기에 대해 생각 좀 해봐야겠어

 만년초보 탈출하기

I need~ 다음에 다양한 to 부정사를 넣어봅시다.
「거기에 대해 생각 좀 해봐야겠어」라는 의미입니다. I need to+동사원형의 형태로 「…해야 한다」는 의미를 나타내죠.

 영어로 직접 말해보고 써보기

1. 나 좀 누워야겠다.
   I need to lie down.
   ▶ ....

2. 의사한테 가봐야겠어.
   I need to go see a doctor.
   ▶ ....

3. 우리 얘기 좀 해.
   We need to talk.
   ▶ ....

내 입에서 영어가 나올 줄이야!

A: What do you think about my proposal?

B: **We need to** talk about that.

> A: 내 제안에 대해 어떻게 생각해?
>
> B: 거기에 대해 얘기 좀 해야 되겠어.

A:

B:

A: You look terrible today.

B: I'm not feeling well. **I need to** lie down.

> A: 너 오늘 무척 안좋아 보여.
>
> B: 몸이 별로 좋지 않아. 좀 누워야겠어.

A:

B:

I don't need to tell her

내가 걔한테 말할 필요없어

 만년초보 탈출하기

I don't need~ 다음에 다양한 **to**부정사를 넣어봅시다.
「내가 걔한테 말해야 할 것까진 없잖아」, 「말 안해도 되는거잖아」라는 의미예요. I don't need 다음에 to+동사원형을 넣어서 「반드시 …하지는 않아도 된다」는 의미의 문장을 만들어 봅시다.

영어로 직접 말해보고 써보기

1. 넌 몰라도 돼.
   You don't need to know.
   ▶

2. 내가 그 비용을 지불할 것까진 없잖아.
   I don't need to pay for it.
   ▶

3. 지금 당장 결정하지 않아도 돼.
   You don't need to decide right now.
   ▶

내 입에서 영어가 나올 줄이야!

A: What did you talk to Gail about?
B: It's private. You don't need to know.

    A: 게일하고 무슨 얘기했어?
    B: 개인적인거야. 넌 몰라도 돼.

A:

B:

A: I'm not sure what I want to study.
B: You don't need to decide right now.

    A: 뭘 공부하고 싶은 건지 잘 모르겠어.
    B: 지금 당장 결정하지 않아도 돼.

A:

B:

I hope he will come

걔가 왔으면 좋겠어

🎓 만년초보 탈출하기

I hope~ 다음에 다양한 현재, 혹은 미래형 문장을 만들어 넣어봅시다.

「걔가 왔으면 좋겠다」는 말입니다. hope는 앞으로 일어날 일에 대해서「…하면 좋겠다」, 「…하기를 바란다」는 의미예요. 뒤에는 앞으로 일어났으면 하는 일을 주어+동사가 갖춰진 문장의 형태로 나타내죠. hope 뒤에 오는 문장에는 '미래'를 나타내는 조동사 will을 쓰기도 하지만, 어차피 hope에 '앞으로의 일을 소망한다'는 뉘앙스가 들어있으므로 동사의 현재형만으로도 충분하답니다.

✏️ 영어로 직접 말해보고 써보기

1. 이 경기에서 우리가 이겼으면 좋겠어.
   I hope we win this game.
   ▶ _____

2. 걔가 내 선물 맘에 들어했으면 좋겠다.
   I hope she likes my present.
   ▶ _____

3. 휴가 즐겁게 지내길 바래요.
   I hope you have fun on your vacation.
   ▶ _____

내 입에서 영어가 나올 줄이야!

A: I invited Jerry to our wedding.
B: That's great! I hope he comes.

    A: 제리를 우리 결혼식에 초대했어.
    B: 잘했어! 걔가 오면 좋겠다.

A:

B:

A: I hope it will be nice tomorrow.
B: Are you planning an outdoor activity?

    A: 내일 날씨가 좋았으면 좋겠다.
    B: 야외에서 뭔가 하려고 계획 중이니?

A:

B:

I hope I'm not late again

제가 또 늦은게 아니라면 좋겠는데요

 만년초보 탈출하기

I hope~ 다음에 다양한 부정문을 만들어 넣어봅시다.
「제가 또 늦은게 아니라면 좋겠는데요」라는 의미입니다. 앞서 I think~의 경우와는 달리, I hope~ 는 '뒷문장을 부정문으로' 만드는 것이 일반적입니다.

 영어로 직접 말해보고 써보기

1. 걔가 그러지 않았으면 좋겠는데.
   I hope she doesn't do that.
   ▶ _____

2. 너무 오래 걸리지 않았으면 좋겠어.
   I hope it won't be too long.
   ▶ _____

3. 너무 오래 기다려야 하는게 아니라면 좋겠어.
   I hope I don't have to wait too long.
   ▶ _____

내 입에서 영어가 나올 줄이야!

A: **You have a medical appointment today.**
B: **I hope I don't have to wait too long.**

  A: 오늘 병원 예약이 되어있지.
  B: 너무 오래 기다려야 하는게 아니라면 좋겠는데.

A:

B:

A: **The ceremony will begin at 2:00 p.m.**
B: **I hope it won't be too long.**

  A: 식은 오후 2시에 시작됩니다.
  B: 너무 오래 걸리지 않았으면 좋겠네요.

A:

B:

I hope I didn't wake you up

내가 널 깨운게 아니라면 좋겠는데

만년초보 탈출하기

I hope~ 다음에 다양한 과거형 문장을 만들어 넣어봅시다.

이른 아침에 전화라도 걸었나 보죠? 「내가 널 '깨운'게 아니라면 좋겠는데」라는 의미입니다. I hope 다음에 과거형 문장을 써서 이미 해놓은 혹은 벌어진 일에 대한 소망을 말하기도 합니다. 위 문장처럼 자신의 행동에 대해 양해를 구하고자 할 때 많이 쓰죠.

영어로 직접 말해보고 써보기

1. 사진을 많이 찍은거라면 좋겠는데.
   I hope you took a lot of pictures.
   ▶ ....

2. 걔가 너무 많이 잃지는 않은거라면 좋겠는데.
   I hope she didn't lose too much.
   ▶ ....

3. 방해하지 않았길 바래.
   I hope I haven't disturbed you.
   ▶ ....

내 입에서 영어가 나올 줄이야!

A: Thailand was an amazing place.
B: **I hope** you **took** a lot of pictures.

    A: 태국은 굉장한 곳이었어.
    B: 네가 사진을 많이 찍었으면 좋겠는데.

A:

B:

A: Andrea lost money in the stock market last week.
B: **I hope** she **didn't** lose too much.

    A: 앤드리아가 지난 주에 주식에서 돈을 잃었다는군.
    B: 너무 많이 잃은게 아니라면 좋겠는데.

A:

B:

I used to go there

예전에 거기 다녔어

 만년초보 탈출하기

used to~ 다음에 다양한 동사를 넣어봅시다.

「예전에 거기 다녔다」는 말입니다. be 동사 없이 바로 쓴다는데 주의하세요. '주어+used to+동사원형'은 「예전에 …했다」라는 의미지만 '주어+be used to+명사(혹은 명사 상당어구)'는 「…에[…하는데]익숙해져 있다」라는 전혀 다른 뜻이 되니까요.

영어로 직접 말해보고 써보기

1. 예전에 매일 조깅을 했죠.
   I used to jog every day.
   ▶

2. 그 사람들은 예전에 같이 일했었어.
   They used to work together.
   ▶

3. 공원에 큰 나무가 예전이 있었는데.
   There used to be a big tree in the park.
   ▶

> **내 입에서 영어가 나올 줄이야!**

A: I used to jog every day.

B: That's very healthy. Why did you stop?

    A: 예전에는 매일 조깅을 했지.

    B: 그거 굉장히 건강에 좋지. 왜 그만둔거야?

A:
....

B:
....

A: Does Tim know Jennifer very well?

B: Sure. They used to work together.

    A: 팀은 제니퍼하고 아주 친해?

    B: 그럼. 두 사람은 예전에 함께 일했었는걸.

A:
....

B:
....

205

핵심공식 073

You mean the red one?

빨간 것 말이야?

 만년초보 탈출하기

You mean~ 다음에 다양한 명사를 넣어봅시다.
「빨간거 말하는거지?」라는 의미입니다. 이렇게 (Do) You mean~ 다음에 「명사」가 오면 「지금 …에 대한 얘길 하는거지?」라고 확인하는 표현이 되죠.

 영어로 직접 말해보고 써보기

1. 새로 온 비서 말하는거야?
   You mean the new secretary?
   ▶

2. 금발머리 남자 말하는거야?
   You mean the guy with blond hair?
   ▶

3. 이웃집 여자애 얘길 하는거지?
   You mean the girl next door?
   ▶

내 입에서 영어가 나올 줄이야!

A: You should wear that shirt to work today.
B: You mean the red one?

   A: 오늘 저 셔츠 입고 출근해.
   B: 빨간 셔츠 말이야?

A:

B:

A: The man sitting over there is my boss.
B: You mean the guy with blond hair?

   A: 저기 앉아 있는 사람이 우리 상사야.
   B: 금발머리 남자 말이야?

A:

B:

You mean he got fired?

걔가 해고됐단 말이야?

만년초보 탈출하기

You mean~ 다음에 다양한 명사절을 넣어봅시다.
「그러니까 걔가 해고됐다는거지?」라는 의미입니다. 이렇게 (Do) You mean~ 다음에는 '(that)+주어+동사'로 이루어진 명사절이 올 수 있죠.

영어로 직접 **말해보고 써보기**

1. 그 여자가 유부녀란 말이야?
   You mean she's married?
   ▶ ....

2. 너 걔한테 다 얘기했단 말이야?
   You mean you told her everything?
   ▶ ....

3. 그러니까 네 말은 가고 싶지 않다는거지?
   You mean you don't want to go?
   ▶ ....

내 입에서 영어가 나올 줄이야!

A: Our manager told Ted that he had to leave.

B: You mean he got fired?

> A: 매니저가 테드에게 그만두라고 했대.
> B: 테드가 해고당했단 말이야?

A:

B:

A: Sorry, but you won't be able to date her.

B: You mean she's married?

> A: 안됐지만 넌 걔하고 데이트 못할거야.
> B: 걔가 유부녀란 뜻이야?

A:

B:

핵심공식 075

I mean I'm in love
내 말은 내가 사랑에 빠졌다구

 만년초보 탈출하기

I mean~ 다음에 다양한 명사절을 넣어봅시다.
「그러니까 내 말은 내가 사랑에 빠졌다구」라는 말이죠. I mean~은 내가 한 말을 상대에게 확인시켜 주는거죠. 뒤에는 「(that)+주어+동사」 형태의 명사절이 와요.

 영어로 직접 말해보고 써보기

1. 내 말은, 모르겠다고.
   I mean I have no idea.
   ▶ _____

2. 내 얘긴 걔가 너무 일만 한단 말이지.
   I mean he's a workaholic.
   ▶ _____

3. 그러니까, 그 여자애가 예쁘다고.
   I mean she's cute.
   ▶ _____

내 입에서 영어가 나올 줄이야!

A: I don't understand what you're saying.
B: **I mean** I want you to help me.

　A: 무슨 얘기하는 건지 모르겠어.
　B: 그러니까 내 말은, 네가 도와줬으면 한다고.

A:

B:

A: Don't try to take care of me. **I mean,** I'm okay.
B: Are you sure you're okay?

　A: 날 돌봐주려 애쓰지마. 난 괜찮다니까.
　B: 정말 괜찮아?

A:

B:

핵심공식 076

What is your favorite food?

좋아하는 음식이 뭐야?

🎓 만년초보 탈출하기

What is your~ 다음에 다양한 명사를 넣어봅시다.

「좋아하는 음식이 뭐야?」라는 표현이죠. 이렇게 「What is your+명사?」의 형태로 상대방에게 궁금한 것을 물어볼 수 있습니다. What is~?는 What's~?로 축약되어 쓰이는 경우가 많다는 것도 알아두세요.

✏️ 영어로 직접 말해보고 써보기

1. 뭘 제안하는거죠?

   What is your suggestion?

   ▶ ....

2. 네 이메일 주소가 어떻게 돼?

   What is your e-mail address?

   ▶ ....

3. 인터넷 네 아이디가 뭐야?

   What is your online username ID?

   ▶ ....

내 입에서 영어가 나올 줄이야!

A: Can you call me tomorrow morning?
B: Yeah. What is your phone number?

    A: 내일 아침에 전화해줄래요?
    B: 그러죠. 전화번호가 어떻게 되죠?

A:

B:

A: What is your favorite food?
B: I like pizza with extra cheese and pepperoni.

    A: 좋아하는 음식이 뭐야?
    B: 피자를 좋아해. 치즈와 페퍼로니를 추가로 얹은 걸로.

A:

B:

What are you looking for?

뭘 찾고 있어?

만년초보 탈출하기

What are you~ 다음에 다양한 동사의 **~ing** 형태를 넣어봅시다.

「뭘 찾고 있어?」라는 말입니다. 상점에서도 들을 수 있죠. You are looking for~의 진행형(be+~ing) 문장을 의문문으로 만든거예요. 즉, 원래의 문장에서 의문사 What을 맨 앞으로 가져오고, 주어 you와 be동사 are의 위치를 바꾸면 What are you looking for?가 되는거죠. 다양한 진행형 문장을 what 의문문으로 만들어 「지금 무엇을 …하고 있는지」물어보도록 합시다.

영어로 직접 말해보고 써보기

1. 여기서 뭐하고 있는거야?
   What are you doing here?
   ▶

2. 뭘 할거야?[어떻게 할거야?]
   What are you going to do?
   ▶

3. 뭘 듣고 있는거야?
   What are you listening to?
   ▶

내 입에서 영어가 나올 줄이야!

A: **What are you looking for?**
B: **I need to find an umbrella.**

　A: 뭘 찾고 계시나요?
　B: 우산을 사려구요.

A:

B:

A: **What are you going to do with your bonus?**
B: **I'm thinking of going on vacation.**

　A: 당신 보너스로 뭘 할거예요?
　B: 휴가를 떠날까 하는데요.

A:

B:

What do you mean?
무슨 소리야?

 만년초보 탈출하기

What do you~ 다음에 다양한 일반동사를 넣어봅시다.

「그게 무슨 소리야?」라는 의미죠. 일반동사가 들어간 문장에서는 의문사 다음에 조동사를 쓰죠. 그래서 「의문사+조동사+주어+동사원형~?」의 형태가 된답니다.

영어로 직접 말해보고 써보기

1. 어떤 일을 하세요?[직업이 뭔가요?]
   What do you do?
   ▶ _____

2. 이 꽃은 뭐라고 불러?
   What do you call this flower?
   ▶ _____

3. 내 새 차에 대해서 어떻게 생각해?
   What do you think of my new car?
   ▶ _____

> 내 입에서 영어가 나올 줄이야!

A: What do you think of my new car?
B: Well, it looks great.

    A: 내 새 차 어떻게 생각해?
    B: 음, 근사해보이네.

A:

B:

A: I'm a teacher. What do you do?
B: I work as a computer salesman.

    A: 전 교사예요. 무슨 일을 하세요?
    B: 컴퓨터 판매원으로 일하고 있어요.

A:

B:

What can I do for you?

무엇을 도와드릴까요?

🎓 만년초보 탈출하기

조동사 can, should 등이 들어간 What 의문문을 만나봅시다.

「당신을 위해서 뭘 해드릴까요?」, 즉 「무엇을 도와드릴까요?」라는 말입니다. 여기서는 조동사로 do가 아닌 can이나 should 등 기타 여러가지 조동사가 쓰인 문형을 알아보기로 합니다.

 영어로 직접 말해보고 써보기

1. 걔한테 뭐라고 말해야 하는거지?
   What should I tell her?
   ▶ ....

2. 뭘 드실래요?
   What would you like?
   ▶ ....

3. 우리가 걔한테 뭘 해줄 수 있겠어?
   What can we do for her?
   ▶ ....

내 입에서 영어가 나올 줄이야!

A: **What can I do for you?**
B: **Can I have a refund for this shirt?**

    A: 무엇을 도와드릴까요?
    B: 이 셔츠 환불해주시겠어요?

A:

B:

A: **My car won't start. What should I do?**
B: **Call a repair shop.**

    A: 자동차 시동이 안걸려. 어떻게 해야 하지?
    B: 정비소에 전화해.

A:

B:

What time is it now?

지금 몇시죠?

만년초보 탈출하기

What time~ 이 들어간 의문문을 만들어 봅시다.

그 유명한 「지금 몇시죠?」라는 질문입니다. What은 '무엇'인지를 묻는 의문사이지만 What time은 '언제'인지를 묻는 표현입니다. time이 들어가 있으므로 월요일쯤, 다음달쯤이 아니라 몇시 몇분과 같이 아주 구체적인 시간을 물어볼 때 사용하는 표현이죠. 어순은 What time을 한 덩어리로 생각해, 'What time+be동사나 조동사+주어~?'로 물어보면 됩니다.

영어로 직접 말해보고 써보기

1. 시합은 몇시에 시작해?
   What time does the game start?
   ▶

2. 식당은 몇시에 문을 닫아요?
   What time does the restaurant close?
   ▶

3. 몇시가 좋아요? (약속 정할 때)
   What time is good for you?
   ▶

> 내 입에서 영어가 나올 줄이야!

A: What time does the game start?
B: It begins at 7 this evening.

    A: 시합은 몇시에 시작해?
    B: 오늘 저녁 7시에 시작해.

A:

B:

A: Let's meet again next week.
B: That's fine. What time is good for you?

    A: 다음 주에 다시 만나죠.
    B: 좋아요. 몇시가 좋으세요?

A:

B:

핵심공식 081

What makes you say so?

어째서 그렇게 말하는거니?

🎓 만년초보 탈출하기

What makes you~ 다음에 다양한 동사를 넣어봅시다.

「어째서 그렇게 말하는거니?」라는 말이죠. Why do you say so?와 같은 의미이지만 좀 더 돌려서 물어보는 표현입니다. 과거에 한 행동에 대해서 물어보고 싶으면 makes 대신 made를 넣어 물어보면 돼요.

✏️ 영어로 직접 말해보고 써보기

1. 어째서 네가 옳다고 생각하는거야?
   What makes you think you're right?
   ▶ ....

2. 어째서 걔가 하는 거짓말을 믿는거야?
   What makes you believe her lies?
   ▶ ....

3. 여긴 어쩐 일로 왔어요?
   What made you come here?
   ▶ ....

내 입에서 영어가 나올 줄이야!

A: I have a feeling that Jill is going to quit her job.

B: **What makes you** say so?

    A: 질이 직장을 그만두려는 것 같아.

    B: 왜 그렇게 말하는거야?

A:

B:

A: **What made you** quit your job?

B: I really hated to wake up early.

    A: 어째서 일을 그만둔거야?

    B: 일찍 일어나기가 정말 싫더라구.

A:

B:

What brings you here?

여긴 어쩐 일이야?

 만년초보 탈출하기

What brings you~ 다음에 다양한 to+장소를 넣어봅시다.

직역하면 「여기는 어쩐 일이야?」라는 뜻으로, 결국 '여기에 온 이유'를 묻는 말인거죠. '왜왔어?'라고 묻는 것보다 훨씬 부드러운 표현이죠? 현재의 일에 대해서는 What brings you to+장소?를, 과거의 일에 대해서는 What brought you to+장소?를 써서 이유를 물어봅시다.

 영어로 직접 말해보고 써보기

1. 우리 집엔 어쩐 일이야?
   What brings you to my house?
   ▶ ....

2. 사무실엔 웬일로 왔어?
   What brings you to my office?
   ▶ ....

3. 뉴욕에는 어쩐 일이야?
   What brings you to New York?
   ▶ ....

내 입에서 영어가 나올 줄이야!

A: **What brings you to** my house?

B: **I was in your neighborhood and wanted to say hello.**

    A: 저희 집엔 어쩐 일로 오셨어요?

    B: 이웃에 살았었는데 인사나 나눌까 해서요.

A:

B:

A: **What brings you to** New York?

B: **My company sent me here on a business trip.**

    A: 뉴욕에는 어떻게 왔어?

    B: 회사에서 여기로 출장을 보냈어.

A:

B:

When is your birthday?

네 생일은 언제니?

 만년초보 탈출하기

When~ 다음에 be동사+주어가 오는 의문문을 만들어 봅시다.
「네 생일은 언제니?」라는 표현이죠. Your birthday is ...에서 모르는 부분을 When으로 대치하여 의문문 어순으로 만드는거예요. 의문사가 앞으로 오면 be동사(또는 조동사)가 주어 앞으로 나오게 된답니다.

 영어로 직접 말해보고 써보기

1. 체크아웃 시간이 언제야?
   When is the check-out time?
   ▶ ....

2. 언제 그 남자를 만날거야?
   When are you going to meet him?
   ▶ ....

3. 걜 마지막으로 본게 언제였어?
   When was the last time you saw her?
   ▶ ....

내 입에서 영어가 나올 줄이야!

A: **When is** the check-out time in this hotel?
B: It's at noon on weekdays.

    A: 이 호텔 체크아웃 시간은 언제예요?
    B: 주중에는 12시입니다.

A:

B:

A: **When is** the report due?
B: You have to submit it by next week.

    A: 리포트는 언제까지야?
    B: 다음 주까지는 제출해야 돼.

A:

B:

핵심공식 084

When does the movie start?
영화가 언제 시작되지?

 만년초보 탈출하기

When~ 다음에 조동사(do)+주어가 오는 의문문을 만들어 봅시다.
「영화가 언제 시작되지?」라는 말입니다. 동사가 be동사가 아니라 일반동사인 문장은 의문문으로 바꿀 때 조동사 do가 필요하다는 것, 기억나시죠?

 영어로 직접 말해보고 써보기

1. 가게는 언제 열죠?
   When does the store open?
   ▶ ....

2. 언제 떠나?
   When do you leave?
   ▶ ....

3. 언제 고등학교를 졸업했니?
   When did you graduate from high school?
   ▶ ....

내 입에서 영어가 나올 줄이야!

A: **When does** the store open?
B: I think it open at ten a.m.

    A: 이 가게는 언제 여는거야?
    B: 오전 10시에는 열거야.

A:

B:

A: **When did** you graduate from high school?
B: I graduated about ten years ago.

    A: 고등학교는 언제 졸업하셨어요?
    B: 한 10년쯤 전에 졸업했지.

A:

B:

When can I start?
언제 시작할 수 있어?

 만년초보 탈출하기

When~ 다음에 기타 조동사+주어가 오는 의문문을 만들어 봅시다. 「언제 시작하면 돼?」라는 말입니다. 조동사로 가볍게 상대의 허가를 구할 때 쓰이는 can이 온 경우입니다.

영어로 직접 말해보고 써보기

1. 내가 언제 들르면 돼?
   When can I stop by?
   ▶ ....

2. 언제 만날까?
   When can we get together?
   ▶ ....

3. 언제 결정을 내릴 건가요?
   When will you make a decision?
   ▶ ....

내 입에서 영어가 나올 줄이야!

A: **When can we** get together to talk?
B: Let's meet for coffee on Monday.

    A: 언제 만나서 얘기할까?
    B: 월요일에 만나서 커피마시자.

A:

B:

A: I am not sure what to do about that.
B: **When will you** make a decision?

    A: 그 일을 어떻게 처리해야 할지 모르겠어.
    B: 언제쯤 결정을 내릴 건데?

A:

B:

Where is the restroom?

화장실이 어디예요?

만년초보 탈출하기

Where~ 다음에 be동사+주어가 오는 의문문을 만들어 봅시다.
「화장실이 어디예요?」라는 말입니다. is는 곧잘 의문사와 축약되므로 Where's~?의 형태로 많이 쓰이죠. 'Where+be동사+주어' 혹은 'Where+be동사+주어+~ing'의 어순을 갖는 여러가지 where 의문문을 만들어봐요.

영어로 직접 말해보고 써보기

1. 어디 가?
   Where are you going?
   ▶

2. 캐런은 지금 어디 었어?
   Where is Karen now?
   ▶

3. 제일 가까운 잡화점이 어디죠?
   Where is the nearest drugstore?
   ▶

내 입에서 영어가 나올 줄이야!

A: Where is the bathroom?
B: It's down the hall and to your left.

　A: 화장실이 어디예요?
　B: 복도를 따라가다 왼쪽에 있어요.

A:

B:

A: Where are you going?
B: I want to take a walk around the park.

　A: 어디 가니?
　B: 공원 근처에 산책하러 가려고.

A:

B:

Where do you live now?

너 지금 어디 살아?

 만년초보 탈출하기

Where~ 다음에 조동사(do)+주어가 오는 의문문을 만들어 봅시다.
「너 지금 어디 살아?」라는 말입니다. 일반동사가 쓰인 문장을 Where 의문문으로 만든 경우죠.

 영어로 직접 말해보고 써보기

1. 아침 먹으러 어디에 들르면 좋겠어?
   Where do you want to stop for breakfast?
   ▶

2. 걔를 어디서 봤어?
   Where did you see him?
   ▶

3. 이 스웨터 어디서 샀어?
   Where did you buy this sweater?
   ▶

내 입에서 영어가 나올 줄이야!

A: **Where do you** want to stop for breakfast?
B: Let's go to a pancake place.

   A: 아침 먹으러 어디 들르면 좋겠어?
   B: 팬케익 파는 식당에 가자.

A:

B:

A: **Where did you** buy this sweater?
B: I got it on sale at a department store.

   A: 이 스웨터 어디서 샀어?
   B: 백화점에서 할인판매하는 걸 샀어.

A:

B:

핵심공식 088

Where can I find shoes?
신발은 어디 있어요?

 만년초보 탈출하기

Where~ 다음에 기타 조동사+주어가 오는 의문문을 만들어 봅시다.
백화점이나 상점 등에서 원하는 물건을 어디서 파는지 물어볼 때 유용하게 쓸 수 있는 표현입니다. 직역하면 「신발은 어디에서 발견할 수 있나요?」, 즉 「신발은 어디 있어요?」라는 의미죠. Where can I buy shoes?라고 해도 됩니다.

 영어로 직접 말해보고 써보기

1. 어디서 만날까?
   Where can I meet you?
   ▶ ....

2. 이 소포 어디다 놓을까?
   Where can I put this package?
   ▶ ....

3. 우리, 어디로 가야 하지?
   Where should we go?
   ▶ ....

내 입에서 영어가 나올 줄이야!

A: **Where can I** find shoes?
B: They are at the end of this aisle.

    A: 신발은 어디서 팔아요?
    B: 이 통로 끝에서요.

A:

B:

A: We can take a vacation together this summer.
B: **Where should we** go?

    A: 올 여름에 휴가여행을 같이 가자.
    B: 어디로 가지?

A:

B:

Who is your favorite singer?
좋아하는 가수가 누구야?

 만년초보 탈출하기

Who~ 다음에 be동사+주어가 오는 의문문을 만들어 봅시다.
「좋아하는 가수가 누구야?」라는 뜻이죠. Who 다음에 be동사가 나온 의문문입니다.

 영어로 직접 말해보고 써보기

1. 전화하는 분은 누구세요?
   Who is calling, please?
   ▶ ....

2. 다음 분은 누구죠? (창구 등에 줄서있는 고객들에게)
   Who is next in line?
   ▶ ....

3. 고객 서비스를 담당하는 분은 누구죠?
   Who is in charge of customer service?
   ▶ ....

> **내 입에서 영어가 나올 줄이야!**

A: I need to speak to Professor Kimberly.
B: She's busy right now. Who's calling, please?

    A: 킴벌리 교수님하고 통화해야 하는데요.
    B: 교수님은 지금 바쁘세요. 누구신데요?

A:

B:

A: Who is in charge of customer service?
B: You need to talk to Ms. Kane.

    A: 고객 서비스를 담당하는 분이 누구죠?
    B: 케인 씨하고 말씀하셔야겠네요.

A:

B:

핵심공식 090

Who is going to help her?

그 여자를 누가 도와줄거지?

🎓 만년초보 탈출하기

Who's going to~ 다음에 동사원형을 넣어 봅시다.
be going to+동사원형은 「…할 것이다」라는 뜻이라고 했던 것, 기억나세요? 그래서 위 문장은 「그 여자를 누가 도와줄거지?」라는 말입니다. Who's going to+동사원형?으로 「누가 …할 거지?」라는 의미를 나타내죠. 아예 한덩어리로 외워둡시다.

✏️ 영어로 직접 말해보고 써보기

1. 누가 저녁식사를 내나요?
   Who's going to pay for dinner?
   ▶ ....

2. 이 자전거는 누가 고칠거지?
   Who is going to fix this bicycle?
   ▶ ....

3. 누가 공항으로 우릴 데리러 오죠?
   Who's going to pick us up at the airport?
   ▶ ....

> **내 입에서 영어가 나올 줄이야!**

A: Who's going to help her?
B: I will. Where is she now?

    A: 누가 걔를 도와줄거지?
    B: 내가 도울게. 그런데 걘 지금 어딨어?

A:

B:

A: Who's going to pick us up at the airport?
B: Well... we'll have to take a shuttle bus.

    A: 누가 공항으로 우릴 데리러 오지?
    B: 그게…우린 셔틀버스를 타야 할거야.

A:

B:

핵심공식 091

Who did you have lunch with?

누구랑 같이 점심 먹었어?

🎓 만년초보 탈출하기

Who~ 다음에 조동사+주어가 오는 의문문을 만들어 봅시다.

「누구랑 같이 점심 먹었어?」라는 말이죠. have lunch with+사람은 「…와 함께 점심먹다」라는 뜻으로, 의문문으로 만들 때 전치사 with를 빼먹지 말고 쓰도록 해야 해요. 'Who+조동사+주어+동사원형?'의 어순을 갖는 의문문에서는 주로 과거의 일을 물어보는 did가 빈번하게 쓰여요.

✏️ 영어로 직접 말해보고 써보기

1. 차를 누구에게 팔았어?
   Who did you sell your car to?
   ▶ ....

2. 그 파티에서 누구 옆에 앉아있었어?
   Who did you sit next to at the party?
   ▶ ....

3. 그 이메일은 누구에게 보낸거야?
   Who did you send that e-mail to?
   ▶ ....

내 입에서 영어가 나올 줄이야!

A: **Who did you** have lunch with?
B: Mr. Smith, one of our biggest clients.

　A: 점심 누구랑 같이 먹은거야?
　B: 스미스 씨라고, 중요한 고객이야.

A:

B:

A: **Who did you** sell your car to?
B: A student at my school bought it.

　A: 차를 누구에게 팔았어?
　B: 우리 학교 학생 한 명이 샀어.

A:

B:

핵심공식 092

Why do you think so?
왜 그렇게 생각하는거야?

 만년초보 탈출하기

Why+be동사/조동사~?의 형태가 이유를 나타내는 의문문을 살펴봅시다. 「왜 그렇게(so) 생각하는거야?」라는 질문입니다. 앞서 what 의문문에서 다루었던 What makes you think so?와 같은 의미죠. why 의문문은 상당히 직접적으로 이유를 묻는 표현이므로 손윗사람이나 어려운 상대에게는 마치 이유를 따지는 듯 들릴 수 있어요. 그럴 땐 간접적인 표현인 What makes you think so?를 사용하는 것이 좀 더 부드럽죠.

영어로 직접 말해보고 써보기

1. 어제 왜 결석했어?
   Why were you absent yesterday?
   ▶

2. 요즘 왜 그렇게 일찍 일어나니?
   Why do you get up so early these days?
   ▶

3. 뉴욕에는 왜 갔던거야?
   Why did you go to New York?
   ▶

내 입에서 영어가 나올 줄이야!

A: **Why were you** absent yesterday?

B: My mother was sick and we went to the hospital.

    A: 어제 왜 결석했지?

    B: 어머니가 아프셔서 병원에 갔었거든요.

A:

B:

A: **Why do you** get up so early these days?

B: I exercise before going to work.

    A: 요즘 왜 그렇게 일찍 일어나니?

    B: 출근하기 전에 운동을 하거든.

A:

B:

핵심공식 093

Why don't you rent a car?

차를 임대하지 그래?

 만년초보 탈출하기

Why don't you[we]~ 다음에 다양한 동사를 넣어봅시다.

「차를 임대하지 그래?」라는 표현입니다. 'Why don't you+동사원형?'은 「…하지 그래?」, 「…하는게 어때?」라고 제안하는 표현입니다. you 대신 we를 써서 'Why don't we+동사원형?'을 사용하면 「우리 …하자」고 제안하는 표현이 되죠.

영어로 직접 말해보고 써보기

1. 그거 입어봐.
   Why don't you try it on?
   ▶ ....

2. 기차를 타고 가렴.
   Why don't you go by train?
   ▶ ....

3. 우리 드라이브 가자.
   Why don't we go for a drive?
   ▶ ....

내 입에서 영어가 나올 줄이야!

A: **Do you think this shirt will fit me?**

B: **Why don't you try it on?**

   A: 이 셔츠 나한테 어울릴 것 같아?

   B: 한번 입어보지 그래?

A:

B:

A: **Why don't we go for a drive?**

B: **That's a great idea. I'm a little bored.**

   A: 우리 드라이브 갈까?

   B: 그거 좋은 생각이야. 좀 따분했는데.

A:

B:

핵심공식 094

How was your trip?

여행은 어땠니?

만년초보 탈출하기

How~ 다음에 be동사+주어가 오는 의문문을 만들어 봅시다.
「여행은 어땠니?」라는 말입니다. Your trip was ~ 를 의문문으로 바꾸었다고 생각하면 되죠. 보통 '주어+be동사+형용사'의 문장에서 형용사가 How로 변하면서 주어와 be 동사가 도치되어 'How+be동사+주어?' 형태의 의문문이 된거죠. 실제 회화에서 How is, How was는 축약되어 How's로 많이 사용됩니다.

영어로 직접 말해보고 써보기

1. 감기는 좀 어때?
   How is your cold?
   ▶ ....

2. 여름방학은 어땠어?
   How was your summer vacation?
   ▶ ....

3. 어젯밤 콘서트는 어땠어?
   How was the concert last night?
   ▶ ....

> 내 입에서 영어가 나올 줄이야!

A: How is your cold?

B: It's not bad. I'm starting to feel better.

   A: 감기는 좀 어때?

   B: 그리 나쁘지 않아. 점차 나아지고 있어.

A:

B:

A: How was your summer vacation?

B: Great! We traveled to eight countries in Europe.

   A: 여름 휴가는 어땠어?

   B: 끝내줬지! 유럽 8개국을 돌아다녔다구.

A:

B:

핵심공식 095

How do you like my plan?

내 계획 어때?

 만년초보 탈출하기

How~ 다음에 조동사(do)+주어가 오는 의문문을 만들어 봅시다.

「내 계획 어때?」하고 상대의 의향을 물어보는 말입니다. 통째로 'How do you like+명사?'의 구문으로 외워두면 여기저기 요긴하게 사용할 수 있어요. 그밖의 'How+조동사(do)+주어~?' 형태의 How 의문문을 알아보기로 하죠.

영어로 직접 **말해보고 써보기**

1. 새 직장은 어때[새 일은 어때]?
   How do you like your new job?
   ▶

2. 공항까지 어떻게 가나요?
   How do I get to the airport?
   ▶

3. 그걸 영어로는 어떻게 말해?
   How do you say that in English?
   ▶

> 내 입에서 영어가 나올 줄이야!

A: How do you like your new job?
B: It's stressful. I don't enjoy it.

    A: 새 직장은 어때?
    B: 스트레스가 심해. 일이 즐겁지가 않군.

A:

B:

A: How do I turn on the stereo?
B: Press the round button. That turns on the power.

    A: 이 스테레오 어떻게 켜는거예요?
    B: 둥근 버튼을 누르세요. 그러면 전원이 들어와요.

A:

B:

How about going out for dinner?

저녁먹으러 나가는 건 어때?

 만년초보 탈출하기

How about~ 다음에 다양한 명사를 넣어 봅시다.

「저녁먹으러 나가는게 어때?」라는 의미. How about 다음에 '명사나 ~ing'를 써서 「…하는 건 어때?」라고 상대의 의향을 물어볼 수 있어요.

 영어로 직접 말해보고 써보기

1. 넌[네 생각은] 어때?
   How about you?
   ▶ _____

2. 내일 저녁은 어때?
   How about tomorrow evening?
   ▶ _____

3. 내가 들어가 살면 어때?
   How about I move in with you?
   ▶ _____

내 입에서 영어가 나올 줄이야!

A: When can we meet each other?
B: **How about** tomorrow evening? I'm free.

    A: 우리 언제 만날까요?
    B: 내일 저녁 어때요? 난 한가한데.

A:

B:

A: What do you want to have for lunch?
B: **How about** gett**ing** a hot dog?

    A: 점심으로 뭐 먹을래?
    B: 핫도그가 어때?

A:

B:

핵심공식 097

How many people came in?

몇명이 안으로 들어왔어?

만년초보 탈출하기

How many~ 다음에 다양한 셀 수 있는 명사를 넣어봅시다.

「얼마나 많은 사람들이(즉, 몇명이나) 안으로 들어왔어?」라는 말이죠. How many 다음에 셀 수 있는 명사인 people이 쓰인 경우예요. (몇명의) people came in에서 (몇명의) 부분을 How many로 바꿔 나타낸 것이라 따로 조동사를 쓰지 않고 일반동사의 과거형 came을 그대로 써주었어요.

영어로 직접 말해보고 써보기

1. 몇개 언어를 하세요?
   How many languages do you speak?
   ▶

2. 이 집엔 욕실이 몇개예요?
   How many bathrooms does this house have?
   ▶

3. 뉴욕엔 몇 번이나 가 봤어요?
   How many times have you been to New York?
   ▶

내 입에서 영어가 나올 줄이야!

A: How many languages can you speak?

B: I can speak English and Korean.

    A: 몇개국어나 하세요?

    B: 영어와 한국어를 할 줄 알아요.

A:

B:

A: How many times have you been to LA?

B: I've been there twice.

    A: 로스앤젤레스에는 몇번이나 가봤어?

    B: 두번 가봤어.

A:

B:

How much did it cost?

그거 사는데 얼마나 들었어?

🎓 만년초보 탈출하기

How much~ 로 셀 수 없는 명사의 '양'을 물어봅시다.

「그거 사는데 돈이 얼마나 들었냐?」고 물어보는 문장입니다. 앞의 How many times~?와는 구별하세요. 앞에서 times는 「횟수」, 「…번」이라는 '셀 수 있는 명사'지만, much 다음에는 time이나 money 등 '셀 수 없는 명사'가 옵니다. 또한 How much는 뒤에 명사없이 How much+조동사+주어~? 형태로 가격을 물어보는데 간단히 How much?만으로도 「얼마예요?」라는 표현이 됩니다.

영어로 직접 말해보고 써보기

1. 여기 이 바나나가 얼마예요?
   How much are these bananas?
   ▶ ....

2. 한달에 (요금 등을) 얼마나 내?
   How much do you pay a month?
   ▶ ....

3. 시간이 얼마나 걸릴까?
   How much time will it take?
   ▶ ....

> 내 입에서 영어가 나올 줄이야!

A: How much time will it take to get there?
B: About 5 or 10 minutes? It's not very far.

   A: 거기 가는데 시간이 어느 정도 걸려?
   B: 한 5분이나 10분쯤? 그리 멀지 않아.

A:

B:

A: How much hotter is it going to get?
B: It will be a lot hotter this afternoon.

   A : 얼마나 더 더워질거래?
   B : 오늘 오후에 더 더워질거래.

A:

B:

How often do you play *Lineage*?

얼마나 자주 리니지 게임을 해?

🎓 만년초보 탈출하기

How~ 다음에 다양한 부사를 넣어 봅시다.

「얼마나 자주(how often) 리니지 게임을 해?」라는 말이죠. 이처럼 의문사 How 뒤에 often, long, far, soon 등의 부사를 붙여서 물어볼 수 있어요. 'How+부사'를 한 덩어리로 생각해서 조동사나 be동사는 그 뒤에 씁니다.

✏️ 영어로 직접 말해보고 써보기

1. 제일 가까운 버스정류장이 얼마나 멀어?
   How far is the nearest bus stop?
   ▶ ....

2. 한국에 계신지 얼마나 됐어요?
   How long have you been in Korea?
   ▶ ....

3. 언제쯤 미국으로 돌아갈거야?
   How soon will you return to the US?
   ▶ ....

내 입에서 영어가 나올 줄이야!

A: **How often** do you play Lineage?
B: I used to play every day, but these days, I don't play at all.

   A: 얼마나 자주 리니지를 해?
   B: 예전에는 매일 했는데 요즘에는 전혀 안해.

A:

B:

A: **How long** have you been in Korea?
B: I've been here for about three years.

   A: 한국에 계신 지 얼마나 됐어요?
   B: 3년 정도 있었네요.

A:

B:

Which train goes to New York?

어느 기차가 뉴욕까지 가나요?

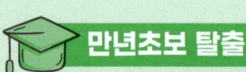

만년초보 탈출하기

Which (또는 Which+명사)~ 다음에 다양한 동사를 넣어봅시다.

「어느 기차가 뉴욕까지 가나요?」라는 물음입니다. 이처럼 Which나 Which+명사를 이용하여 '어떤 것'이냐고 물어보는 의문문을 만들 수 있습니다.

영어로 직접 말해보고 써보기

1. 어떻게 세일하는거예요?
   Which is on sale?
   ▶

2. 어느 부분이 제일 재미있었어?
   Which part was the funniest?
   ▶

3. 다음으로는 어느 걸 보고 싶어?
   Which do you want to see next?
   ▶

> 내 입에서 영어가 나올 줄이야!

A: Which swimsuit do you prefer?
B: I think the polka-dot bikini is pretty.

　A: 어떤 수영복이 좋아?
　B: 물방울 무늬 비키니가 예쁜 것 같은데.

A:

B:

A: Which way is the Sears Tower?
B: It's a mile ahead, on your left-hand side.

　A: 시워즈 타워가 어느 쪽예요?
　B: 1마일 전방, 왼편에 있어요.

A:

B:

Can you tell me some details?

자세한 얘기를 좀 해줄래?

🎓 **만년초보 탈출하기**

Can you tell me~ 다음에 다양한 명사를 넣어봅시다.
「자세한 얘기를 좀 해줄래요?」라는 의미입니다. Can you tell me 다음에 명사 혹은 about+명사 등이 오는 경우죠.

 영어로 직접 말해보고 써보기

1. 이름을 말씀해 주시겠어요?
   Can you tell me your name?

   ▶ _____

2. 그 웹사이트 주소를 말씀해 주시겠어요?
   Can you tell me the address of that website?

   ▶ _____

3. 전화로 그것에 대해 말해줄래?
   Can you tell me about it over the phone?

   ▶ _____

내 입에서 영어가 나올 줄이야!

A: I have some real estate you should look at.
B: **Can you tell me** some details about it?

    A: 살펴보셔야 할 부동산을 좀 갖고 있는데요.
    B: 자세하게 얘기해 보실래요?

A:

B:

A: **Can you tell me about** that necklace?
B: It was given to me by my mother.

    A : 저 목걸이에 대해서 말해줄래?
    B : 엄마가 내게 주신거야.

A:

B:

Can you tell me how you feel?

기분이 어떤지 말해줄래?

만년초보 탈출하기

Can you tell me~ 다음에 when, what, how 의문사절을 넣어봅시다.
「기분이 어떤지 말해줄래?」라는 말이죠. Can 대신에 Would나 Could를 쓰기도 해요. Can you tell me까지 한 덩어리로 외워두고, 그 뒤에 '의문사+주어+동사' 혹은 '의문사+동사'의 명사절을 만들어 붙여봅시다. 우선 when, what, how를 이용한 명사절을 만들어 Can you tell me 뒤에 붙여보도록 해요.

영어로 직접 말해보고 써보기

1. 무슨 일이 일어난 건지 말해줄래요?
   Can you tell me what happened?
   ▶ ....

2. 박물관으로 가려면 어떻게 가야 하나요?
   Can you tell me how to get to the museum?
   ▶ ....

3. 걔가 괜찮은지 아닌지 말해줄래요?
   Can you tell me if he's alright?
   ▶ ....

> **내 입에서 영어가 나올 줄이야!**

A: Will you go grocery shopping for me?
B: **Can you tell me what** you need?

    A: 식품점에 좀 다녀와줄래?
    B: 뭐가 필요한데?

A:

B:

A: **Can you tell me where** the gas station is?
B: Oh, it's over there. Can you see the sign?

    A: 주유소가 어딘지 말해줄래요?
    B: 아, 바로 저기예요. 간판 보이죠?

A:

B:

MEMO

SECTION 3
재미난 영어세계 이모저모

① 알쏭달쏭 영단어 구분하기
② 바로잡자! 콩글리시!
③ 사연있는 영어표현들

1 알쏭달쏭 영단어 구분하기

cancel • call off • suspend • stop • cease

cancel

「취소하다」란 의미의 대표단어. 예정된 행위나 행사 등을 중단할(giving up a planned activity or event) 때, 혹은 각종 등록[접수] 등의 효력을 중지시키는 (destroying the effectiveness) 경우에 사용된다.

- **My flight to New York was cancelled because of bad weather.**
  날씨가 나빠서 내가 타고 가려던 뉴욕행 비행편이 취소되었다.
- **She has cancelled her subscription to the newspaper.**
  그 여자는 신문 구독신청을 취소했다.

call off

기본적으로 cancel과 별다른 차이 없이 동의어로 사용되며, 특히 뭔가 진행 중인 사건 따위를 중도에 그만두도록 만든다(ordering an activity to be stopped)는 느낌이 강한 단어.

- **They decided to call off the contract talks until next week.**
  그 사람들은 다음 주까지 계약협상을 중단하기로 결정했다.
- **We are going to call off the deal unless we are able to get a better share price.**
  주식 가격을 더 잘 받을 수 없다면 우린 이 건을 취소할 것이다.

suspend

우천 따위로 일시 중단된 경기를 suspended game이라 하는데 이처럼 일시적으로 상황이 중지되는(causing to be ineffective for a period of time) 경우에 사용된다. 따라서 until ~, momentarily 따위의 시간을 한정하는 부사상당어구가 동반되는 것이 보통.

- **Trading was suspended momentarily while the power outage was fixed.**
  정전 사고 수리를 하는 동안 거래가 잠시 중단되었다.

stop

더이상 설명이 필요없는 「정지」의 대표 동사. 「중단시키다」란 의미로 가장 보편적인 쓰임새를 자랑하며 목적어로는 to 부정사가 아니라 동명사를 취한다는 사실을 거듭 확인해 두자.

- **You need to stop coming to work late or we have no alternative but to fire you.**
  회사에 지각하지 않도록 하십시오. 그렇지 않으면 당신을 해고할 수밖에 없습니다.

cease

Cease fire!(사격 중지!)라는 군대 명령어로 유명한 단어. cease to+V(…하기를 중단하다; stop doing sth)의 형태로, 또 아래 예문에서처럼 「중단되다」, 「멈추다」라는 자동사로도 자주 사용된다.

- **The problem with the computer has ceased since we installed the new software.**
  우리가 새로운 소프트웨어를 설치한 이후로 컴퓨터에 있던 문제가 사라졌다.

1. 알쏭달쏭 영단어 구분하기

laugh • smile • grin • chuckle • giggle

laugh
laugh는 「웃다」류 동사의 대표. 즐거움, 기쁨을 표시하는 가장 일반적인 웃음을 표현하는 단어이다. 하지만 뒤에 at이 붙으면 「…을 비웃다[조롱하다]」란 의미로 돌변하므로 주의해야 한다.

- **Try not to laugh when you see Bob's car come into the parking lot.**
  밥의 차가 주차장으로 들어오는 걸 보고 웃지 않도록 해라.
- **That guy always makes me laugh when he tells his stories.**
  그 친구가 자기 얘기를 할 때마다 너무 웃겨.

smile
잔잔한 기쁨, 혹은 상대방에 대한 친근감의 표시로 얼굴에 지어 보이는 「미소」에 해당하는 말인데 소리내어 웃는 일반적인 웃음과는 구별된다.

- **Your secretary has the nicest smile and it puts people in a good mood.**
  너희 비서는 미소가 기가 막혀서 사람들 기분을 좋게 만든다.
- **It is very important to smile when you are dealing with clients.**
  고객들을 대할 때 미소를 짓는 것이 아주 중요하다.

grin
smile의 업그레이드 버전. 미소를 너무 거하게 짓다보니 이빨까지 허~옇게 드러내 보이며 웃는 것을 말한다. 「싱글벙글」이란 우리말과 가장 가깝다.

- **Why does he have that grin on his face this morning?**
  그 친구 오늘 아침에 왜 저렇게 싱글벙글하는거야?

chuckle

다른 사람에게 들리지 않도록 혼자서 조용하게 웃는(laugh quietly) 웃음이다. 웃기기는 한데 드러내 놓고 웃기가 좀 뭣한 경우, 또는 재미있는 cartoon을 보면서 혼자서 웃음을 흘리는 경우에 쓸 수 있다.

- **I'm sure that you will get a chuckle when you read that joke.**
  그 유머 책을 읽으면 넌 틀림없이 웃지 않고는 못 배길 걸.

giggle

chuckle이 보통 남자들의 웃음인데 비해 giggle은 젊은 여자들(young girls)이 웃음을 참지 못해 어린 애처럼 킥킥대는 것을 말한다.

- **I've never seen a grown woman giggle as much as she does.**
  난 다 큰 여자가 어린 애처럼 그렇게 킥킥거리는 건 처음 본다.

1. 알쏭달쏭 영단어 구분하기

annoy • bother • harass • plague • bug • worry

annoy
상대방이 「화가 나거나 참지 못할 정도로 귀찮게 하고 괴롭히다」고 할 때 가장 일반적으로 쓸 수 있는 단어. 하기 싫은 일을 억지로 해달라고 졸라대는 상황에 잘 어울린다.

- **Sooner or later she will start to do things that will really annoy you.**
  조만간에 그 여자는 널 정말로 귀찮게 할 일을 시작할 것이다.

bother
특히, 하던 일이나 회의, 또는 행사 도중 떠들거나(making a noise) 짜증나게 해서 그 일을 계속할 수 없게 할 정도로 「성가시게 하다」는 뜻.

- **I'm sorry to bother you, but you have an urgent telephone call on the other line.**
  방해해서 죄송하지만 다른 라인에 급한 전화가 와있습니다.

harass
주로, 무례하고 반복적으로 성적으로 혹은 인종적인 문제를 거론하며 상대를 괴롭히는 경우 사용되는 단어. 아이들 사이에서는 tease라는 단어가 같은 의미.

- **How many times has your boss sexually harassed you?**
  몇 번이나 상사가 당신을 성적으로 희롱했습니까?

plague
어려운 문제, 병적인 질환, 의심스러운 일들이 장시간 따라다니며 곤경에 빠뜨리게 하여 「골치를 섞인다」는 의미.

- **That virus continues to plague our entire computer network in both offices.**
  그 바이러스가 사무실 양쪽의 컴퓨터 네트워크 전체에 속을 썩인다.

bug

「오랜 기간 계속적으로 반복해서 괴롭히다」(annoy someone repeatedly or continuously over a long period)는 의미로 informal하게 사용하는 단어이다.

- **She is really going to bug me if she keeps humming that stupid song.**
  그 여자가 그 엉터리 노래를 계속 흥얼댄다면 나는 정말 괴로울거야.

worry

생각을 멈추지 않게 하는 일이나 무언가 좋지 않은 일이 생길 것 같은 두려움이 「…에게 걱정을 끼치다」는 의미.

- **I'm very worried that we are going to have to lay off some people.**
  직원 몇 사람을 해고해야 되는게 정말 걱정된다.

1 알쏭달쏭 영단어 구분하기

plan • project • plot • scheme • design

plan
미리 언제, 어디서 무엇이 일어날 것인가에 대해 구체적이고도 정확하게 짜 놓은 「계획」을 말한다. 정부나 단체의 「안」을 가리키기도 한다. 참고로 매우 어렵거나 중요한 일에 대한 종합적이고 기본적인 계획은 master plan이라고 한다.

- **His plan** may not be ready in time to present to the board.
  그 사람의 계획서는 제시간에 이사회에 제출할 준비가 안될지도 모른다.

project
특별한 문제를 처리하거나(deal with a particular problem) 새로운 것을 만들어(produce something new)내기 위해 오랜기간 동안 많은 노력이 요구되는 「계획」 내지 「계획된 행동」(planned activity)을 뜻한다. 학생들의 「연구(과제)」를 말하기도 한다.

- We think the **project** will be finished by early fall at the latest.
  우리 생각에는 늦어도 가을 초까지는 그 프로젝트가 끝날 것이라고 본다.

plot
주로 불법적(illegal)이거나 옳지 못한(wrong)일을 하기 위해 벌이는 비밀 계획(secret plan)으로 「음모」 정도의 뜻을 갖는다. 국가의 전복(overthrowing) 계획, 정치적 지도자에 대한 암살(assassination) 음모 등에 자주 등장하는 단어이다. 영화나 연극의 「구성」을 말할 때도 쓰인다.

- The general's coup attempt failed because the air force refused to join the **plot**.
  그 장군의 구데타 시도는 공군이 그 계략에 참여를 거부하였기 때문에 실패로 돌아갔다.

scheme

plan과 거의 같은 의미. 「정부의 대단위 계획」을 가리키는 말이기도 하다. plot처럼 나쁜 의도로 사용되면 「책략」이나 「음모」라는 의미를 갖는다.

- **We will need to develop some sort of scheme, if we are to find a way to get that property.**
  우리가 그 소유권을 얻기 위한 방도를 알아볼 작정이라면 몇 가지 계획을 궁리해 볼 필요가 있을 것이다.

design

「마음 속에 품고 있는 전반적인 계획이나 의도」(overall plan or intention that someone has in one's mind)를 말하는 것으로 「구상」이나 「복안」이라고 할 때 사용할 수 있는 단어. 흔히 말하는 「디자인」이나 「구체적인 설계(도)」를 말하기도 한다.

- **The new design will be unveiled at a ceremony later on this week.**
  그 새로운 기획은 이번 주 늦게 있을 한 행사에서 선보이게 될 것이다.

1 알쏭달쏭 영단어 구분하기

catalog • pamphlet • brochure • leaflet • insert • literature

catalog
물건의 목록(list of things)과 이에 대한 정보를 담고 있는 50여 페이지 분량의 「선전용 책자」. 보통 제조업체(manufacturer)의 상품을 소개할 때 사용된다.

- **Make sure that they can guarantee delivery within two weeks if you order from the catalog.**
  그 카탈로그를 보고 주문을 하면 2주 안에 배달을 해줄 수 있는지 확실히 해놔라.

pamphlet
「팜플렛」으로 거의 우리말화된 용어. 그다지 두껍지 않고 얇은 표지(cover)를 갖추고 있으며 특정한 주제에 대한 것보다는 주로 일반적인 공공의 관심사에 대한 정보를 담고 있는 인쇄물 혹은 소책자.

- **I'm sure that their pamphlet has the toll-free number on the front.**
  그 팜플렛 겉표지에 수신자 부담 전화번호가 분명히 나와 있어.

brochure
상품이나 서비스에 대한 정보를 사진과 함께 담고 있는 「소책자」. 흔히 여행안내 책자를 부를 때 travel brochure라고 한다. pamphlet, booklet과 거의 비슷.

- **I looked at the brochure and I found out that we are staying in a five-star hotel.**
  그 책자를 보니까 우리가 지금 별 다섯개 짜리 호텔에 묵고 있지 뭐야.

leaflet

제품이나 서비스 혹은 행사를 알리는 「광고전단」을 말하는데 대개는 종이 한 장(a piece of paper)으로 제작되어 있다. 우리가 흔히 부르는 「찌라시」가 바로 이것. 참고로 leaflet의 -let은 원래 명사보다 작은 개념을 나타내는 접미사. flyer도 비슷한 말.

- **Did you take a look at that leaflet that I put in your box?**
  내가 너의 메일함에 넣어둔 전단지 살펴봤어?

insert

「책이나 신문 사이에 삽입되다」(be inserted between the pages of a book or newspaper)는 개념에서 나온 단어로서 역시 「종이 한 장으로 되어있는 전단」을 가리키는데 흔히 「간지」라고 한다.

- **Check the insert that comes with your next phone bill.**
  다음 달 전화요금 청구서에 딸려있는 간지를 확인하세요.

literature

「문학(작품)」이란 뜻으로만 알고 있지만 무언가를 팔거나 조언(advice)을 주기 위한 「서면정보(written information)지」를 뜻하기도 한다.

- **They dropped off some literature about their company yesterday afternoon.**
  그 사람들이 어제 오후에 자기 회사에 대한 홍보지를 놓고 갔어.

1 알쏭달쏭 영단어 구분하기

reveal • unveil • disclose • expose • divulge • leak

reveal
이제까지 알려지지 않았던 것이나 비밀로 되어 있던 것(something that was secret or not known)을 보여주다(show)는 의미.

- **Did they reveal any new information about their new product?**
  그들이 자신들의 신상품에 대한 새로운 정보를 내놓았나요?

unveil
주로 계획(plan)이나 제안(proposal) 그리고 새 모델(new model)을 처음으로 「공개하다」는 의미.

- **They are going to unveil their 2026 models at a party tonight.**
  그들은 오늘 밤 파티석상에서 2026년 모델을 선보일 예정이다.

disclose
disclose는 reveal과 비슷한 의미를 지니고 있지만 비밀이나 감추어져 있던 사실 등을 「공개적으로(publicly) 드러내다」는 개념이다.

- **Make sure that you don't disclose anything to them during the meeting.**
  회의를 하는 동안은 그들에게 그 무엇도 드러내 보이지 않도록 해라.

expose
개인이나 조직의 비밀스러운 행동(secret activity)이 「도덕적으로 문제」(morally wrong)가 있을 경우에 여러사람에게 이를 알려준다는 개념으로 주로 「폭로하다」는 우리말로 번역된다.

- **They are going to expose him and after they do he'll be finished.**
  그들은 그에 대해서 폭로할 작정인데 그렇게 되면 그는 끝장나게 될 것이다.

divulge

expose의 「폭로하다」의 의미를 더욱 심화시킨 단어. 폭로된 내용도, 공개됐을 경우 파장이 클 정도로 중요한 사항이거나 개인적인 정보에 대한 것이 많다. 말하는 이의 저의가 숨어 있으니 잘 새겨 보자.

- **Talk to him for a while and see if you can get him to divulge the name.**
  잠시 그와 얘기 좀 해서 네가 그 사람으로 하여금 이름을 불게 할 수 있는지 알아봐라.

leak

많은 경우 정부의 중요한 정보를 신문·방송 등 「언론」(press)에 공개하는 경우에 사용된다.

- **He is going to leak the story to the press tomorrow night.**
  그는 내일 밤에 그 이야기를 언론에 공개할 예정이다.

1 알쏭달쏭 영단어 구분하기

road • street • avenue • highway • path • driveway

road

도로를 가리키는 가장 대표적인 단어. road of map에서 알 수 있듯이 주로 마을과 마을을, 시와 시 등 원거리를 연결하는 「평탄한 도로」를 말한다.

- **Follow the road until it forks, turn right and it's another ten-minute drive.**
  길이 갈라질 때까지 가다가 우회전해서 다시 10분 더 가면 돼.

street

반면 street는 road와 반대되는 개념. map of Chicago에서 볼 수 있듯 마을이나 시, 그 자체내의 도로를 지칭한다. 따라서 street에는 road와 달리 양편에 보도가 있으며 가옥이나 상점들이 즐비해 있게 마련이다.

- **You can't park on the street unless you have a parking permit.**
  주차 허가증이 없으면 거리에 주차를 할 수 없다.

avenue

주로 양편에 나무가 심어진 번화한 큰거리로 street보다 넓다. 비슷한 단어로 boulevard가 있다. 뉴욕에서는 「남북으로 뻗은 길」은 Avenue, 반대로 「수평으로 난 길」은 Street라고 한다.

- **There are a lot of people strolling arm in arm along Sunset Boulevard.**
  팔짱을 끼고 선셋 거리를 따라 산책하는 사람들이 많다.

highway

지방 소도시와 대도시간을 잇는 「고속도로」. 비슷한 뜻으로 알고 있는 freeway 혹은 expressway는 대도시와 대도시 주변을 잇는 「고속화도로」를 말한다. 참고로 Interstate Highway는 미국의 주간를 이어주는 고속도로를 가리키는 말.

- **They're going to build more freeways to speed up traffic around New York.**
  그들은 뉴욕 주변의 차량흐름을 원활하게 하기 위해 더 많은 고속화도로를 건설할 것이다.

path

주로 사람들이 걸어다니기 위한 좁은 길로, 도시외 지역의 작은 길을 말한다. lane이나 track 등도 같은 의미.

- **You need to follow the track until you come to the lake.**
  호수에 다다를 때까지 이 길을 따라가야 한다.

driveway

마지막으로, 지금까지 설명한 길에 비해 초라하지만 우리에겐 없는 미국의 독특한 길로, 우리를 혼란스럽게 하는 driveway에 대해 알아두자. 집이나 차고지까지 차가 갈 수 있도록 만들어진 길로 우리말로는 진입로, 집앞도로, 차고로 들어가는 길 정도로 생각하면 된다.

- **The car turned into a narrow driveway to a garage at the side of the house.**
  그 차는 집 옆의 차고로 난 좁은 차도로 들어섰다.

1 알쏭달쏭 영단어 구분하기

resign • quit • retire • dismiss • fire • let sb go

resign
「(직위·관직 등을) 사임하다」(to give up a job or position)를 뜻하는 말로 자기 스스로의 의지로 그만 두었을 경우에 쓸 수 있는 단어. 참고로 「사표를 제출하다」는 hand in one's resignation으로 표현할 수 있다.

- **What will you do if she decides to resign and you have no one to replace her?**
  그녀가 그만두기로 결정했을 경우 그녀를 대신할 사람이 없으면 어떻게 하시겠어요?

quit
quit 역시 「(하던 일을) 그만두다」(to stop doing something and leave)라는 의미를 가지며 스스로 자리를 박차고 나온다는 점에서 위에 설명한 resign과 그 의미가 크게 틀리지 않다. resign에 비해 informal한 표현으로 자주 애용된다.

- **Were you surprised that she decided to quit her job?**
  그녀가 직장을 그만두기로 했다는 것에 놀라셨나요?

retire
직장인이라면 누구나 언젠가는 퇴직을 하게 마련. 이렇게 「나이가 들어, 즉 정년이 되어 회사를 그만 두는 것」(to stop working at one's job because of age)을 영어로는 retire라 하며 최근 우리를 두려움에 떨게 하는 「명예(조기)퇴직」은 early retirement라 한다.

- **Are you sure that they are going to ask you to retire early?**
  그들이 당신에게 조기퇴직을 요청할거라고 확신하나요?

dismiss

방향을 조금 바꾸어 타의에 의해 회사를 그만두는 경우에 쓰이는 단어들을 살펴보자. 우선 dismiss는 「해고하다」(remove someone from a job), 「면직하다」를 뜻하는 단어로 다소 formal한 표현이다.

- **They have decided to dismiss some of their employees to cut down the expenses.**
  그들은 비용을 삭감하기 위해 고용인들 몇몇을 해고하기로 결정했다.

fire

fire 또한 동사로 「해고하다」의 의미를 갖는다. informal한 표현으로 dismiss보다 그 사용빈도가 월등히 높다. 또 「해고당하다」, 막말로 「잘리다」는 get fired 혹은 get the ax[sack], get a pink slip 등으로 표현할 수 있다.

- **Unfortunately, we had to fire him about two weeks ago for continually being late.**
  불행히도, 우리는 약 2주 전에 계속 늦는다는 이유로 그를 해고시켜야만 했다.

let sb go

누군가를 해고시킨다는 것은 그다지 꺼내기 쉬운 얘기는 아닐 것이다. 그래서 생겨난 완곡표현이 바로 let sb go. 말 그대로 하면 「…를 (자유롭게) 가도록 하다」가 되지만, 잔인하게 쓰이면 「(직장에서) 나가게 하다」, 즉 「내보내다」의 의미가 되는 것.

- **If she doesn't follow our rules, we have no choice but to let her go.**
  그녀가 우리의 규율을 따르지 않는다면 그녀를 해고시키는 수밖에 다른 도리가 없다.

1 알쏭달쏭 영단어 구분하기

make • bake • fry • parch • broil • roast • boil • simmer

make
「식사나 음식을 준비하다」(to prepare for a meal or a dish)를 뜻하며 salad나 sandwich와 같이 조리가 필요없는 음식을 만들 때도 쓰일 수 있다. 이와 달리 cook은 열을 가해 음식을 요리하는 경우에 쓰인다.

- **My mom used to make some sandwich for me when I was young.**
  어렸을 적 어머니는 날 위해 샌드위치를 만들어 주시곤 했다.

bake
「(빵 등을 직접 불에 대지 않고 오븐 등에) 굽다」(to cook using dry heat in an oven or on heated metal or stones)라는 의미.

- **After you put cookies on a sheet, you need to bake them for an hour.**
  얇은 판 위에 쿠키를 얹은 후 한시간 동안 구워 주세요.

fry
「(기름이나 버터 등을 많이 넣고) 튀기다」(to cook or be cooked in hot fat or oil)라는 의미의 단어.

- **We will fry the fish in butter and lemon in the big pan over the fire.**
  불 위에 커다란 팬을 올려 놓고 거기에 버터와 레몬을 넣어 생선을 튀길 겁니다.

parch
「콩이나 곡류 등을 볶거나」(to toast or roast slightly peas, grains), 「열을 가해 바짝 말리는 것」(to make something completely dry)을 뜻한다.

- **No wonder it didn't taste good, it was completely parched.**
  맛이 안 좋은게 당연하지, 너무 바짝 볶았잖아!

broil

「(고기 등을) 불에 직접 굽거나 석쇠에 굽다」(to cook meat by direct heat or by putting it close to very strong heat)를 뜻하는 말로 영국식 영어에서는 grill을 쓰기도 한다.

- **The recipe says we need to broil the steak for fifteen minutes.**
  이 조리법에 따르면 15분 동안 스테이크를 구어야 해요.

roast

「오븐이나 불 위에서 고기를 통째로 굽다」(to cook something, especially a large piece of meat, in an oven or over a fire)를 뜻한다.

- **We will roast the potatoes in the pan with the meat.**
  고기와 함께 감자를 팬에다 구울거예요.

boil

「끓는 물에 조리하여 삶다」(to cook food in boiling water), 「끓이다」를 의미한다.

- **We will need to boil a lot of water for enough tea for everyone.**
  모든 사람이 마실 수 있도록 찻물을 충분히 끓여야 할거예요.

simmer

「약한 불에서 음식을 뭉근히 끓임」(to cook food slowly in water that is boiling very gently) 때 쓰인다는 점에서 boil과 차이가 있다.

- **After mixing all the ingredients, you may let the sauce simmer.**
  모든 재료들을 섞은 후엔 소스가 뭉근히 끓도록 내버려 둔다.

1 알쏭달쏭 영단어 구분하기

complete • perfect • intact • full • whole • entire

complete

「완벽한」(having all necessary), 「완성된」(finished; ended)의 의미를 가지는 complete은 보통 필요한 모든 것이 갖추어진 「양적 충족 상태」를 나타낼 때 쓸 수 있는 표현. 동사로 「완성하다」, 「(목적을) 달성하다」 등의 의미로 쓰이기도 한다.

- **I want a complete report on all financial changes in the company.**
  회사내 모든 재정적인 변화에 대한 완전한 보고서가 필요합니다.

perfect

「완벽한」(of the very best possible kind or degree)을 뜻하는 perfect 는 「주관적」 가치 판단에서 「이상적인 질적 충족 상태」를 나타낼 때 쓰인다는 점에서 complete와는 의미상 차이를 갖는다. 예를 들어 a complete work하면 질과는 상관없이 「완성된 작품」을 뜻하고, a perfect work은 「완벽하고 훌륭한 작품」을 뜻한다.

- **Your analysis of the current economic situation in Tokyo is perfect.**
  도쿄의 현 경제 상황에 대한 자네의 분석은 완벽하네.

intact

「원래 상태 그대로 완벽하다는 것을」(retaining original condition and completeness) 뜻하는 말로 keep ~ intact하면 「…을 손상시키지 않고 보관하다」라는 의미가 되니 이용해 보도록 하자.

- **The courier delivered the product, and it was fully intact.**
  배달부가 그 제품을 배달해 왔는데 하나도 손상이 안 됐어.

full

「가득차서 더 이상 여지가 없는」(holding as much or as many as possible; filled completely) 상태를 가리키는 형용사로, "I'm full!"하면 「배불러서 더 이상은 못 먹겠다」는 뜻. 더불어 full은 complete와도 같은 의미로 쓰여 a full hour는 「꼬박 한 시간」을 뜻한다.

- **Our office was full of people inquiring about the rumored takeover.**
  우리 사무실은 소문이 돌고 있는 인수건에 대해 문의하는 사람들로 가득찼다.

whole

「…내내」, 「모든」 등의 의미로 full과 유사하게 쓰여 three whole years하면 「3년 내내」라는 뜻. 그밖에도 「손상되지 않은 있는 그대로의」(not divided or broken up) 상태를 가리키기도 한다. 이를 이용한 표현으로는 「전체를 총괄하여」를 뜻하는 as a whole, 「전반적으로」를 뜻하는 on the whole 등이 있다.

- **She read the whole report in just a few hours this morning.**
  그녀는 오늘 아침 단지 몇시간만에 그 보고서를 전부 읽었다.

entire

「전부의」(with nothing left out), 「완전한」(total)의 의미로 앞서 설명한 whole과 대체되어 쓸 수 있다. 따라서 「전 세계」는 entire world 혹은 whole world로 표현할 수 있겠다.

- **The entire hotel was booked, so he had to try another one.**
  그 호텔 전부가 예약된 상태라 그는 다른 곳으로 가봐야 했다.

2 바로잡자! 콩글리시!

먼저 틀린 곳을 찾아보자!

A: It looks like I got a sticker.
B: Is this a no parking zone?
A: It must be.
B: I'll pay for half the sticker.

> A: 주차위반 딱지를 뗀거 같아.
> B: 여기가 주차 금지구역이니?
> A: 그럴거야.
> B: 내가 딱지 값 반 내줄게.

정답부터 확인해보고~

sticker (X)
ticket (O)

그럼 왜 그럴까??

실적 위주의 표적 단속으로 교통위반 딱지가 남발하는 한국교통 현실도 말썽이지만 여기 이 딱지를 가리키는 우리식 영어 sticker가 또 말썽이다. 영어로는 명백히 **parking ticket, speeding ticket** 등 ticket이란 표현을 쓴다. 미국에서 경찰이 ticket 끊어준다고 해서 영화 티켓이나 공연 티켓이라고 착각하지 말 것.

 **먼저 틀린 곳을 찾아보자!**

A: Do you have Greg's hand phone number with you?
B: I think I have it written down on a card somewhere.
A: Can you give it to me as soon as you find it?
B: Sure.

> A: 그레그 핸드폰 번호 가지고 있니?.
> B: 어딘가 명함에 적어 두었을 텐데.
> A: 찾게 되는대로 나한테 알려 줄래?
> B: 알았어.

 **정답부터 확인해보고~**

hand phone (X)
mobile phone (O)

그럼 왜 그럴까??

워낙 유명한 콩글리시로 우리나라에 거주하는 웬만한 외국인이라면 거의 알아들을 정도. 하지만 hand phone의 정확한 영어식 단어는 mobile phone 혹은 cellular phone이다. 또한 notebook computer 또한 통용되기는 하지만 laptop computer이라고 쓰는게 더 바람직하다.

바로잡자! 콩글리시!

먼저 틀린 곳을 찾아보자!

A: I can't believe my back mirror fell off.
B: That's happened to me a couple of times.
A: Do you have any glue to put it back on?
B: I do at home.

A: 내 백미러가 떨어졌다는게 믿겨지질 않아.
B: 나한테도 이런 일이 두세 번 있었는데.
A: 이걸 다시 붙일 수 있는 접착제 있니?
B: 집에 있어.

정답부터 확인해보고~

back mirror (X)
rear-view mirror (O)

그럼 왜 그럴까??

뒤에 오는 차량을 살필 수 있기 위해 고안된 백미러는 완벽한 콩글리시. 이를 가리키는 정식영어는 「뒤쪽을 보는 거울」이란 의미로 rear-view mirror이다. 한편 차 외부에 붙어 있는 거울은 side-view mirror라고 구별해서 표현하기도 한다.

 먼저 틀린 곳을 찾아보자!

A: Where are you off to?
B: I'm going to the sports center for a workout.
A: Where is the center?
B: It's a couple of blocks from here.

> A: 어디로 가니?
> B: 스포츠 센터에 가서 운동 좀 하려고.
> A: 스포츠 센터가 어디있는데?
> B: 여기서 두 블록 지나면 있어.

 정답부터 확인해보고~

sports center (X)
fitness center (O)

?? 그럼 왜 그럴까??

운동을 하기 위해 sports center를 들락날락하지만 이 단어 역시 콩글리시. 「육체적인 건강상태」라는 뜻의 fitness를 붙인 fitness center가 본래의 의미에 충실한 영어. 또한 거의 우리말화된 health club도 가능하다. 이런데서 운동을 하는 것은 work out, workout하면 명사로 주로 gym에서 하는 운동을 말한다.

2. 바로잡자! 콩글리시!

🖍 먼저 틀린 곳을 찾아보자!

A: Where is he going to leave the report?
B: He said that he would leave it at the front.
A: We can check if it's there on our way to dinner.
B: If it's not there we'll check when we get back to the hotel.

A: 그 사람이 보고서를 어디에 둔다는거야?
B: 접수대에 두겠다고 그랬어.
A: 저녁 먹으러 가는 길에 거기 있는지 알아보면 되겠다.
B: 거기 없으면 호텔로 돌아와서 확인해 봐야겠어.

✅ 정답부터 확인해보고~

front (X)

front desk (O)

그럼 왜 그럴까??

미국 바이어와 호텔 프론트(front)에서 만나자고 했다면 당신은 호텔 접수대에서, 외국인은 호텔 정문 앞에서 서로를 찾아 헤매일지도 모를 일. 우리 개념 상에 들어있는 front는 호텔 숙박 절차를 밟는 「접수부」란 뜻의 front desk 혹은 reception desk의 콩글리쉬니 이제부턴 마음대로 줄여쓰지 마시길.

먼저 틀린 곳을 찾아보자!

A: What's his back number?
B: I think it's 27.
A: Let me look in the program. It is 27.
B: Wow, he's quite a player.

> A: 그 선수의 등번호가 몇 번이야?
> B: 27번 같은데.
> A: 경기 안내 프로그램을 한번 볼게. 27번이네.
> B: 와, 정말 대단한 선수야.

정답부터 확인해보고~

back number (X)
uniform number (O)

그럼 왜 그럴까??

운동선수들의 유니폼 뒤에는 넘버가 있게 마련이다. 우리는 이를 back number 라고 편하게 부르지만, 영어에서는 uniform number라고 하거나 그냥 number 라고도 한다.

2 바로잡자! 콩글리시!

먼저 틀린 곳을 찾아보자!

A: Did you look at their best ten DVD releases this month?
B: I did, but I've seen every one of those movies.
A: You certainly see a lot of movies.
B: I guess I do.

A: 이번 달 DVD 출시작 중 상위 10위가 뭔지 봤어?
B: 봤는데 그거 내가 전부 다 본 영화거든.
A: 너 정말 영화 많이 보는구나?
B: 내 생각도 그래.

정답부터 확인해보고~

best ten (X)
top ten (O)

그럼 왜 그럴까??

가장 좋은 것은 오직 하나이기 때문에 그 빛이 발하는 것. 이럴 때 영어에서는 「top + 숫자」라고 해주어야 좋은 것이라도 그 순위의 구별을 줄 수 있다. 따라서 「상위 몇 등[명]」이라는 뜻을 표현할 때는 best 10이 아닌 top 10으로 해준다는 것을 잊지 마길.

 **먼저 틀린 곳을 찾아보자!**

A: Do you have a memory pen I could borrow?
B: You have a choice of blue or green.
A: I'd prefer blue.
B: Here you go.

> A: 형광펜 있으면 나 좀 빌려줄래?
> B: 파란색이나 초록색 중에서 골라.
> A: 파란색이 좋겠어.
> B: 여기 있어.

 **정답부터 확인해보고~**

memory pen (X)
highlighter (O)

그럼 왜 그럴까??

기억하기 좋으라고 만든 펜이라서 memory pen으로 널리 알려져 있는 형광펜. 하지만 영어로는 「(중요하고 특별해서) 의미를 강조하다」는 뜻의 동사 highlight를 이용한 highlighter라는 정식명칭이 있다. 그리고 우리는 화이트보드에 적는 것을 매직펜이라고 부르는데 영어에서는 보통 marker라고 한다.

2 바로잡자! 콩글리시!

먼저 틀린 곳을 찾아보자!

A: The interphone in the office doesn't work properly.
B: What's wrong with it?
A: It keeps shorting out.
B: I'll ask the maintenance people to have a look at it.

> A: 사무실에 있는 인터폰이 제대로 작동이 안돼.
> B: 문제가 뭐니?
> A: 계속 합선이 돼.
> B: 관리실 사람들한테 말해서 손좀 보라고 할게.

정답부터 확인해보고~

interphone (X)
intercom (O)

 그럼 왜 그럴까??

interphone 역시 콩글리시로 영어에서는 intercom이라고 한다. 전화를 발명한 Bell이 들으면 놀랄지도 모르지만 사무실이나 호텔 내의 한쪽 방에서 다른 한쪽으로 하는 전화는 전화축에도 안 끼워주었는지 단순히 「상호간의(inter) 의사소통(com: communication의 줄임말)하는 기계」로 밖에 대접을 못 받은 모양이다.

먼저 틀린 곳을 찾아보자!

A: I'd like a egg fry and toast.
B: Would you like anything to drink with that?
A: I'd like a cup of coffee.
B: Will that be all?

> A: 계란 후라이 하나와 토스트 주세요.
> B: 마실거는 어떤 걸로 하시겠어요?
> A: 커피 한 잔 주세요.
> B: 그게 전부인가요?

정답부터 확인해보고~

egg fry (X)
fried egg (O)

그럼 왜 그럴까??

「계란 후라이」를 우리말 그대로 egg fry라고 하는 순진한 사람들이 있다. 감자튀김을 potato fry라고 하지 않고 fried potato라고 하듯이 egg fry도 fried egg란 표현이 정확한 말.

② 바로잡자! 콩글리시!

📝 먼저 틀린 곳을 찾아보자!

A: Why is there so much traffic?
B: There is a car parade going through.
A: I wonder who it is.
B: Someone who's important.

A: 왜 이렇게 교통량이 많은거야?
B: 카 퍼레이드가 지나가고 있거든.
A: 누구 카 퍼레이드인지 궁금한데.
B: 유명한 사람이겠지.

✅ 정답부터 확인해보고~

car parade (X)
motorcade (O)

❓❓ 그럼 왜 그럴까??

우승하는 팀은 자기 연고지에 와서 car parade를 하게 되어 있다. 하지만 이 역시 콩글리시이다. 네이티브들은 motorcade라고 부른다.

MEMO

3 사연있는 영어표현들

silhouette
실루엣, 그림자 그림

왜 이렇게 쓰이게 되었을까…?

실루엣은 「그림자 그림」, 전체적인 모양을 간단히 나타내는 그림을 말한다. 이는 프랑스의 재무장관이었던 Etienne Silhouette(1709 ~ 67)의 이름에서 유래한 단어이다. 여러 설이 분분한데, 가장 유력한 것으로는 그가 재임시 전후 프랑스 경제를 살리기 위해 긴축정책을 씀으로써 그의 이름이 「경제적이고 싸다」(cheap)는 개념과 연결되었다는 설이다. 또다른 설로는, 불과 9개월 밖에 안된 그의 재임기간으로 인해 생긴 「미완성 초상화」(incompleteness of portrait)의 발단에서 비롯되었다는 것과 개인적으로 실루엣 스타일의 그림을 즐겨 그렸다는 것 두가지가 있다.

실제 대화에서 어떻게 쓰이는지 확인해보자

A: How did you know that he was in the office?
B: I **saw his silhouette** in the blinds.
A: I guess I should go and tell him about the deal.
B: I'm sure he would be glad to hear about it.

> A: 그가 사무실에 있는지 어떻게 알았어?
> B: 블라인드 안쪽으로 그의 그림자를 봤거든.
> A: 가서 그에게 거래건에 대해 말해야겠네.
> B: 그 소식을 들으면 그는 틀림없이 좋아 할거야.

bury the hatchet
화해를 하다

 왜 이렇게 쓰이게 되었을까…?

우선 hatchet은 북아메리카 인디언의 우두머리들(leaders)이 지니고 다니던 도끼의 일종이다 그럼 도끼를 땅에 묻는 이유는 대체 무엇일까? 실제로 이들은 도끼를 무기로 사용했는데, 분쟁이 끝나면 두 집단 사이의 적대감이 끝났다는 징표로서(as a sign that hostilities between the two groups were over) 도끼를 땅에 묻었다고 한다. 이러한 관습이 거듭되면서 「도끼를 땅에 묻는다」는 말은 「화해를 하다」(settle an argument and become friendly again)와 동일한 의미를 갖게 되었다. 마찬가지 발상에서 dig up the hatchet하면 이와 정반대의 뜻이 된다. 이는 묻었던 「도끼를 다시 파낸다」는 뜻이니, 묻었던 「적대감이 다시 폭발한다」(hostilities broke out again)는 말.

 실제 대화에서 어떻게 쓰이는지 확인해보자

A: I think Bob is still mad at me for canceling that meeting.
B: Really? It has been two weeks since that happened!
A: I know. I think it's about time he buried the hatchet.
B: Well, let's hope he does soon.

> A: 내 생각엔, 그 회의를 취소한 것 때문에 밥이 여전히 나에게 화가 나있는 것 같아.
> B: 정말? 그 일이 있은지 2주나 지났잖아!
> A: 알아. 내 생각에도 지금쯤이면 화해를 할 때도 된 것 같은데.
> B: 글쎄, 곧 그렇게 되길 빌어보자.

3 사연있는 영어표현들

husband
남편, 절약하다

 왜 이렇게 쓰이게 되었을까...?

원래 남자의 「부부로서의 지위」(man's marital status)보다는 「경제적인 지위」(economic status)에서 비롯된 말이다. 중세에 husband는 결혼의 여부와 상관없이(regardless of whether he was married) 「한 세대를 책임지는 사람」(the master or manager of a household)을 지칭했던 말이다. 예를 들어 노모와 어린 동생들을 부양하고 있는 착한 아들이 있다고 하자. 그는 명실공히 그 집안의 살림 모두를 책임지고 있다. 이때 중세의 사람들은 그를 husband라고 불렀다는 얘기. 뿐만 아니라 husband가 고대 노르웨이 말(old Norse)로 house를 뜻하는 hus와 householder란 뜻의 bondi의 결합에서 나왔다는 것을 보아도 알 수 있다. 오늘날에도 동사로는 이러한 의미가 아직 남아 있어서 Their money has not been wisely husbanded(그들의 돈이 현명하게 활용되지 않았다)에서와 같이 「절약하다」,「최대한 활용하다」의 의미로 쓰이고 있다.

 실제 대화에서 어떻게 쓰이는지 확인해보자

A: Have you met the new lady in charge of marketing?
B: Yes, but I think she seems kind of stupid.
A: Well, did you **know her husband** is the vice president of this company?
B: No wonder she's holding such a high position!!

> A: 새로 마케팅을 담당하게 된 여자 만나 봤어요?
> B: 그럼요, 내 생각에 그녀는 좀 맹한 것 같아요.
> A: 글쎄요, 그녀의 남편이 이 회사 부사장이라는거 아셨어요?
> B: 어쩐지 그렇게 높은 지위에 있더라니!!

bring home the bacon
돈을 벌어오다, 성공하다

 왜 이렇게 쓰이게 되었을까…?

「베이컨을 집에 가져오다」라는 말은 「성공하다」 특히 「가족들에게 음식을 조달하는데 성공하다」(succeed, especially in providing food for one's family)라는 뜻으로 쓰이고 있다. 이 표현은 Dunmow Flitch라고 알려진 England, Essex 지방의 전통에서 유래한다. 1111년경 그 지방에서는 일년하고 하루 동안 결혼한 것을 후회하거나 싸우지 않고(without quarrelling or wishing to be unmarried) 살았다는 것을 증명할 수 있는 부부에게 상으로 소금절인 돼지고기 옆구리살(side of bacon or flitch)을 주었다고 한다. 자격조건에 비해 상품이 너무 시시한 감도 없지 않지만 당시로서는 귀한 물건이었기에 「베이컨을 집에 가져가는 것」이 곧 「성공하다」라는 의미가 된 것. 그 밖에 식구를 부양하기 위해 「돈을 벌어오는 사람」을 bread winner라고 하는데, 이들 모두 식생활에 기본이 되는 식품이 비유적으로 사용된 예이다.

 실제 대화에서 어떻게 쓰이는지 확인해보자

A: Who **brings home the bacon** in your house?
B: My wife does because I'm going to school.
A: Does that bother you?
B: Not at all.

> A: 너희 집에서 누가 생계를 책임지니?
> B: 내가 학교에 다녀서 아내가 돈을 벌어와.
> A: 불편하지 않아?
> B: 천만에.

3. 사연있는 영어표현들

SOS
구조신호

 왜 이렇게 쓰이게 되었을까…?

우리나라에선 이것이 Save Our Ship의 두문자어(acronym)라고 알려져 있는데 여기에는 좀 더 재미있고 다양한 설이 있다. 'Save Or Starve'(구해줘라, 그렇지 않으면 굶어죽는다)를 비롯해 'Save Our Souls,' 'Stop Other Signals,' 'Send Our Succour'같은 것들이 바로 그것! 그렇다면 이들 가운데 어느 것이 가장 신빙성있는 기원일까? 미국인들은 우리와 달리 Save Our Souls가 가장 적합한(most apt) 것이라고 믿고 있다. 그 이유는 Souls의 경우, 단지 승선한 사람들(the souls on board)만을 가리키는 것이 아니라 종교적인 의미, 즉 「영혼」이라는 의미까지 함께 가지고 있기 때문이다. 그네들 사고대로 해석을 해보자면 SOS는 '배를 타고 있는 사람들의 목숨뿐만 아니라 영혼도 함께 구해주십시오'라는 의미로서 결국 사람과 신 모두에게 하는 조난신호인 셈이다.

 실제 대화에서 어떻게 쓰이는지 확인해보자

A: I'm sure that is **the SOS signal**.
B: How do you know what the SOS signal is.
A: We learned it in boy scouts.
B: Maybe you're right.

> A: 저건 SOS신호가 확실해.
> B: 어떻게 SOS신호가 어떤건지 알아?
> A: 보이스카우트에서 배웠거든.
> B: 그럼 네가 맞겠구나.

It's all Greek to me
전혀 모르겠어

 왜 이렇게 쓰이게 되었을까…?

뭔가를 도대체 이해할 수 없을 때(something is completely beyond one's understanding) 쓸 수 있는 말. 이는 Shakespeare의 Julius Caesar의 1막 2장에 나오는 카스카(Casca)의 대사 중에 나오는 말인데, 카스카는 카시우스, 부르투스와 함께 케사르의 암살에 가담한 공모자(conspirator)이다. 케사르가 세 번이나 왕위를 내놓기를 거절하자(Caesar refused the crown of king three times), 이에 분개한 키케로(Cicero)가 사람들이 알아듣지 못하도록 그리스어로 반정부 발언을 했는데 이 말(remarks)을 듣고 카스카가 "those understood him smiled at one another and shook their heads; but, for mine own part, it was Greek to me"(키케로의 말을 듣고 그 말을 이해한 사람들은 서로 웃기도 하고 고개를 끄덕이기도 했지만 나에게는 그저 그리스말 이었어)라고 말한 것에서 유래한다.

 실제 대화에서 어떻게 쓰이는지 확인해보자

A: Do you understand this memo?
B: No. It's all Greek to me!
A: What should we do?
B: Let's ask someone else if they understand what it means.

> A: 이 메모 이해하시겠어요?
> B: 아뇨. 전혀 모르겠어요.
> A: 어떻게 하죠?
> B: 무슨 뜻인지 이해할 수 있나 다른 사람에게 물어보죠.

③ 사연있는 영어표현들

lion's share
가장 많은 몫

 왜 이렇게 쓰이게 되었을까…?

이는 여러 명이 뭔가를 분배할 때 「가장 많은 몫」(the largest part)을 뜻하는 표현으로 그 어원을 알려면 이솝우화(Aesop's fables)를 뒤져봐야 한다. 물론 버전에 따라 조금 다르지만 한 우화를 살펴보자. 당나귀, 여우와 함께 사냥을 마친 후 사냥한 것(prey)을 나눌 때가 되자 사자는 당나귀에게 공평하게 세 부분으로 나누라고 명한다. 이에 사회생활 경험이 적은 순진한 당나귀는 자로 잰듯 정확히 3등분으로 나누지만 이에 모욕감을 느낀(his size, prowess, and dignity had been insulted) 사자는 곧바로 당나귀를 가차없이 제거한다. 사자가 다시 여우에게 나누라고 명하자 여우는 잘못 나누면 바로 죽음이라는 두려움 속에 자기 몫은 손톱의 때만큼 떼어내고(nibbled off a small piece) 나머지는 다 사자의 몫으로 바쳤다. 따라서 lion's share하면 「힘있는 자가 차지하는 가장 큰 몫」을 말하며 보통 아래 예문처럼 take the lion's share의 형태로 「가장 큰 몫을 차지하다」라고 쓰인다.

실제 대화에서 어떻게 쓰이는지 확인해보자

A: Look at Jim, he **took the lion's share of** the leads again.
B: I guess he can do it because he sells more than any of us.
A: Maybe he sells more because he takes the most leads.
B: Perhaps you're right.

> A: 짐을 좀 봐, 또 예비고객 명단을 거의 다 가져갔어.
> B: 우리 중 누구 보다 많이 팔아서 그럴수 있는 것 같아.
> A: 아마 가장 많은 명단을 가져가니까 가장 많이 파는 것일거야.
> B: 네 말이 맞는 지도 모르겠다.

know the ropes
요령을 잘 알다

 왜 이렇게 쓰이게 되었을까…?

「어떤 일의 요령을 잘 알고 있다」(be familiar with all the details). 이 표현의 기원은 말의 고삐(rein) 혹은 뱃사람들(sailors)에서 유래하는데 이들 모두 말 그대로 ropes를 잘 다룰 줄 안다는 기본적인 의미에서 출발했다. 먼저 말의 고삐는 마치 차의 핸들, 브레이크 등의 기능을 갖고 있는 것으로 그리고 뱃사람들의 경우는 어지럽게 널려있는 로프(bewildering array of ropes)를 여러 장의 돛(canvas)에 연결하는 데서 어렵지 않게 알 수 있다. 결국 know the ropes는 이런 말의 고삐를 잘 다루거나 뱃사공이 수많은 밧줄을 능숙하게 연결할 줄 안다는 의미에서 「어떤 일의 요령을 안다」라는 오늘날의 뜻을 갖게 된 것.

 실제 대화에서 어떻게 쓰이는지 확인해보자

A: Hang around here for a couple of days and you'll **know the ropes**.
B: Do you really think I can learn how to use the machines in two days?
A: You'll get the general idea and that's all you need right now.
B: I hope you're right.

> A: 며칠동안 둘러본다면 요령을 터득하게 될거야.
> B: 너 정말 이틀 안에 내가 그 기계들의 사용법을 익히게 될거라고 생각하는거니?
> A: 대략 어떻게 돌아가는 지는 알게 될거고 그게 지금으로선 네게 필요한 전부야.
> B: 네 말이 맞았으면 좋겠다.

> ③ 사연있는 영어표현들

kick the bucket
죽다

 왜 이렇게 쓰이게 되었을까...?

직역하면 「양동이를 차다」가 되는 이 표현은 엉뚱하게도 「죽다」라는 뜻으로 사용된다. 그 기원은 두가지로 나뉜다. 그 하나는 막 잡은 돼지가(freshly slaughtered pigs) 시장에서 bucket이라고 알려진 목재 혹은 틀(beam or frame) 위에서 몸부림치다가(writhe around) 양동이를 발로 차고 유명을 달리한데서 생겨난 말이라는 것. 하지만 좀더 그럴 법한 설( )은 조금은 슬픈 이야기(tear-jerking)이다. 한 사람이 어느날 목을 매어 자살을 하기로(commit suicide) 결심하고는 천정에 밧줄을 묶어 늘어뜨리고 양동이(pail or bucket)를 엎어 놓고 올라선 다음, 목에 올가미 모양의 밧줄(noose)을 걸고 밧줄이 튼튼한지 확인을 한 후 딛고 있던 양동이를 차버렸다는 것이다.

 실제 대화에서 어떻게 쓰이는지 확인해보자

A: Did you hear that Burns **kicked the bucket** on the weekend?
B: No I didn't. How did he die?
A: Apparently he had a heart attack.
B: When are they having the funeral?

> A: 번즈가 주말에 죽었다는 소식 들었어?
> B: 아니 못들었는데. 어떻게 그렇게 되었대?
> A: 아마 심장마비였나봐.
> B: 장례식은 언제야?

add insult to injury
설상가상

 왜 이렇게 쓰이게 되었을까...?

「해를 주고 귀찮게 해서 상황을 더 악화시키는 것」(make matters even worse, especially by causing annoyance as well as harm)이다. 이 표현은 이솝 우화에서 비롯되는데 이야기는 이렇다. 어느날 대머리 아저씨(bald man)의 번쩍이는 머리에 파리가 한 마리 날아와 앉는다. 그렇지 않아도 민감한 부분(?)에 미확인 비행물체가 감지되자 냅다 내리치지만(swatted at a fly) 위치가 위치인지라 정조준은 애초에 불가능! 파리는 보기좋게 날아가고 대신 자기 머리를 내리치고 만다(missed the fly and hit himself on the head instead). 이때 파리가 날아가면서 한 말이 바로 "What will you do to yourself, now that you have added insult to injury?"(당신은 다치기만 한게 아니라 모욕까지 당했으니 자신에게 어쩌겠소?)라나 뭐라나.

 실제 대화에서 어떻게 쓰이는지 확인해보자

A: To **add insult to injury**, he made the comment in front of Jim's friends.
B: Does Jim know that Bill said this?
A: I'm sure that he knows by now.
B: I can't believe Bill would say something like that.

> A: 설상가상이라더니, 그가 짐의 친구들 앞에서 그 말을 했다니까.
> B: 빌이 그 얘기한 걸 짐은 아니?
> A: 지금쯤이면 알거야.
> B: 빌이 그런 말을 하다니 믿을 수가 없네.

3 사연있는 영어표현들

turn the tables
상황을 역전시키다

 왜 이렇게 쓰이게 되었을까…?

「상황을 완전히 역전시키다」(cause a complete reversal in circumstances) 라는 의미. 얼핏보면 '아마도 열받아서 탁자를 그야말로「뒤집어 엎는」상황이 아닐까하 고 생각하겠지만 안타깝게도 대답은 No. 이는 탁자의 구조 때문에 생겨난 말인데, 예전 엔 오늘날과 달리 표면이 두 개인(having two surfaces) 탁자가 있어서 한쪽은 매 끈하고 반들거리지만(smooth and polished) 다른 쪽은 거칠거칠해서 매끈한 쪽 으론 식사를 하거나 손님을 접대하는(entertaining visitors) 등의 고상한 일을, 거 친 쪽으로 작업을 하기 위한 용도였다고 한다. 하지만 사돈의 팔촌쯤 되는 귀찮은(do not want to give a warm reception) 사람이 찾아오면 그 용도는 정반대가 되어 주인이 탁자를 거친 쪽으로 돌렸던 것(turn the rough working surface upper most)에서 유래한다.

 실제 대화에서 어떻게 쓰이는지 확인해보자

A: It looks like they **turned the tables**.
B: What do you mean by that?
A: Now they want to take over our company instead of us taking over them.
B: This puts us in an interesting position.

> A: 그들이 상황을 역전시킨 것 같은데.
> B: 무슨 말이야?
> A: 이제 우리가 그들을 인수하는 대신에 그들이 우리회사를 인수하려고 하니 말이야.
> B: 상황이 흥미로와지는데.

let the cat out of the bag
비밀을 누설하다

왜 이렇게 쓰이게 되었을까...?

「무심결에 비밀을 누설하다」(tell a secret especially unintentionally)라는 의미. 이는 과거 영국의 시장(country fairs)에서 있었던 장사꾼 얘기에서 유래한다. 당시 장사꾼들(traders)은 이익을 남길 요량으로 고양이를 자루에 넣어(putting a cat in a bag) 새끼돼지라고 속여서(trick unwary customers) 사람들에게 팔았다고 한다. 자세히 살펴보지도 않고 덜컥 사들고 가서 자루를 풀어본(let the cat out of the bag) 우리의 주인공. 이건 웬걸? 꿀꿀거려야 할(oink) 돼지가 야옹거리고 있으니(mew) 정말 미칠 노릇 아닌가! 그제서야 속았다는 것을 알고(discover that they had been tricked) 길길이 날뛰어 봤자 이미 장사꾼은 온데간데없이 사라진 뒤고 남은 건 영문 모르고 눈만 깜박이고 있는 고양이뿐이었던 것.

실제 대화에서 어떻게 쓰이는지 확인해보자

A: Guess who let the cat out of the bag for the surprise party.
B: I bet you it was Ian.
A: How did you guess?
B: He can never keep a secret.

> A: 깜짝파티를 하겠다는 걸 누가 발설했는지 맞춰봐.
> B: 이안이겠지.
> A: 어떻게 맞췄어?
> B: 그는 도대체가 비밀을 간직할 줄 모르는 사람이거든.

3 사연있는 영어표현들

rule of thumb
눈대중, 대충

 왜 이렇게 쓰이게 되었을까...?

「개략적인 일의 방법」(rough way of working)으로 정확한 기술적인 이론이나 지식보다(rather than precise and accurate technical theory or knowledge) 경험이나 상식에 의존하는 것을 가리킨다. 결국 「눈대중」이라는 말인데 여기에는 두 개의 기원이 있다. 하나는 양조업자(brewer)가 엄지손가락을 담가(by dipping a thumb) 맥주의 온도를 쟀데서(tested the temperature of a batch of brew) 유래하는데, 이렇게만 해도 노련한 양조업자는 경험으로부터 양조가 얼마나 진행되었는지 알 수 있었다고 한다. 또 하나의 기원은 좀 더 간단한 것으로 엄지손가락 마디 하나를 대략 1인치의 척도(rudimentary measure of approximately one inch)로 사용했던 것에서 유래한다고도 한다.

 실제 대화에서 어떻게 쓰이는지 확인해보자

A: What is **the rule of thumb** for a wedding present these days?
B: It really depends on how well you know the person.
A: It's my second cousin and I really don't know him that well.
B: I would spend between a hundred and two hundred dollars.

> A: 결혼 선물이 요즘 대충 뭐야?
> B: 그건 얼마나 네가 그 사람을 잘 알고 있느냐에 달려 있지.
> A: 그 앤 내 6촌이라 그렇게 잘 알진 못해.
> B: 나라면 백 달러에서 이백 달러정도 쓰겠다.

penthouse
특실, 초호화 아파트

 왜 이렇게 쓰이게 되었을까...?

이는 고층빌딩 꼭대기층의 「호화 아파트」(luxurious apartment)나 호텔 꼭대기층의 「특실」을 가리킨다. 이는 「벽이나 건물에 부속된 헛간이나 지붕」(a shed or roof attached to and sloping from a wall or building)을 가리키던 중세 영어 pentis에서 근접한 기원을 찾을 수 있는데, 원래 appendage(부속물)이라는 의미의 중세 라틴어 appendicium에서 온 말이다. 그런데 사람들은 pentis라는 말이 slope(경사면)이란 뜻을 가진 중세 프랑스어 pente에서 왔다고 착각하고 두번째 음절에 「집」에 해당하는 다른 단어를 넣어야 한다고 여겨 뒤에 -house라는 말을 덧붙이게 된 것. 결국 민간어원(folk etymology)에 따라 오늘날의 모양새를 갖게 된 것이다.

 실제 대화에서 어떻게 쓰이는지 확인해보자

A: **I heard Sam just got a new apartment.**
B: **Not just an apartment, but a penthouse.**
A: **I can't wait to see it.**
B: **He's having a house warming party in a couple of weeks and we can see it then.**

A: 샘이 새 아파트를 얻었다며.
B: 그냥 아파트가 아니고 펜트하우스라구.
A: 정말 보고 싶어 죽겠다.
B: 2주쯤 후에 집들이를 할거구 그때쯤이면 볼 수 있을거야.

3 사연있는 영어표현들

have an axe to grind
따질 것이 있다

 왜 이렇게 쓰이게 되었을까...?

결론적으로 말하면 「딴 속셈이 있다」(have personal and often selfish reasons for one's actions or statements)라는 의미. 이 표현은 벤자민 프랭클린(Benjamin Franklin)의 작품 Too Much For Your Whistle에서 처음 유래한 것인데, 작품 속에서 한 낯선 사람이 숫돌을 어떻게 다루는지 모르는 척하고 (pretending that he didn't know how a grindstone worked) 어린 프랭클린에게 그 사용법을 묻는다. 순진한 프랭클린은 가르쳐 준답시고 그를 대신해 열심히 회전축을 돌려 날을 갈아주었다. 얼마 후 도끼가 날카로워지자 그는 미소를 지으며 유유히 멀어져 갔다(walked away). 결국 그 사람은 애초부터 이를 예측하고, 손끝하나 까딱 않고 목적을 달성한 셈. 이렇게 해서 have an axe to grind하면 「딴 속셈이 있다」라는 의미를 갖게 된 것인데 오늘날엔 이보다 좀더 부정적으로 쓰여 「따질 것이 있다」(have something to complain about)는 정도의 의미로 사용된다.

실제 대화에서 어떻게 쓰이는지 확인해보자

A: I **have an axe to grind with** her.
B: What did she do?
A: She took all the credit for my idea.
B: I didn't know that.

> A: 나 그녀에게 따질 것이 있어.
> B: 그녀가 뭘 어쨌는데?
> A: 내가 낸 아이디어에 대한 찬사를 모두 가로챘다구.
> B: 몰랐는데.

cock-and-bull story
터무니없는 얘기

왜 이렇게 쓰이게 되었을까…?

cock-and-bull story는 「터무니없는 이야기」(foolish improbable story)라는 뜻. 직역하면 수탉과 황소얘기가 되는데 이것이 어쩌다 그런 부정적 의미를 갖게 되었을까. 이는 이솝우화에서 그 기원을 찾을 수 있는 것으로 이야기 속에서 동물들이 인간의 언어로 의사소통을 하는데(spoke to one another using human language) 현실에서는 도무지 있을 수 없는 그 황당성 때문에(since conversations were clearly in reality impossible) 이런 의미를 갖게 된 것. 특히 Laurence Stern(1759 ~ 1767)이 쓴 소설 Tristram Shandy의 말미에 What is all this story about? A Cock and a Bull(이 얘기는 무엇에 관한거야? 수탉과 황소 얘기처럼 터무니없는거라구) 이라는 대화에서 오늘날과 같은 쓰임새를 갖게 되었다고 한다.

실제 대화에서 어떻게 쓰이는지 확인해보자

A: He said he was late because someone parked too close to him and he couldn't move his car.
B: That's **a cock-and-bull story**!
A: It does sound a little strange.
B: Tell him I want to see him when he gets in.

> A: 누군가가 그의 차 바로 옆에 주차를 시켜놔서 차를 움직일 수가 없어서 늦었답니다.
> B: 말도 안되는 소리!
> A: 좀 이상하긴 하네요.
> B: 들어오면 내가 좀 보잔다고 그래.

3 사연있는 영어표현들

He's history now!
걘 한물갔어!, 잊혀진 사람이야!

왜 이렇게 쓰이게 되었을까...?

He is history now!에서 history는 바로 우리가 집착하는 과거, 그것도 한물 갔다는 뉘앙스의 부정적인 과거다. 결국 위 문장은 「그는 과거의 인물이다」에서 「끝장이 났다」는 뜻으로 발전된다. 인칭을 바꿔 We're history now!라고 하면 연인사이에서 「관계가 이제 끝났다」(Our relationship is completely finished now) 즉 그만 만나자는 공식선언이다. 또 You're history now!는 「넌 이제 끝장났다!」는 뜻으로 살벌한 실제상황이거나 농담이 아니라면 함부로 써서는 안되는 말.

실제 대화에서 어떻게 쓰이는지 확인해보자

A: **Hey, where's Jack these days?**
B: **I'm not sure, but I heard that he got into an argument with the manager.**
A: **You remember what happened to the guy who disagreed with manager, don't you?**
B: **Yeah, he's history now.**

> A: 이봐 잭은 지금 어디있어?
> B: 잘 모르겠어, 부장하고 다퉜다고 하던데.
> A: 부장과 한바탕했던 친구가 어떻게 됐는지 기억하지?
> B: 그럼, 이제 아주 끝장이 났지.

pie in the sky
그림의 떡

 왜 이렇게 쓰이게 되었을까...?

뜻대로 바람대로만 돌아가지 않는 것이 세상이치다. 「바라지만 좀처럼 일어날 것 같지 않은 것」(something pleasant that is unlikely to happen in the future)이 있게 마련. 바로 그것을 pie in the sky라고 한다. 하늘에 파이라고 하니 우리말로 옮기면 그림의 떡. 이는 Joe Hil이라는 작곡가의 The Preacher and the Slave라는 노래에서 Work and pray / Live on the hay / You'll get pie in the sky when you die라고 한데서 따온 표현이다. 이 노래의 끝에 That's a lie라는 후렴구가 따라와 결국 일하고 기도하고 건초 위에서 살아가면 죽을 때 하늘에서 파이를 얻을 거라는 것은 헛된 약속(empty promise)이라고 끝을 맺는다.

 실제 대화에서 어떻게 쓰이는지 확인해보자

A: Are you still going to Hawaii?
B: No, that's my pie in the sky vacation.
A: Maybe you'll actually get there some day.
B: I really hope so!

> A: 아직도 하와이에 가려고 하니?
> B: 아니, 그건 내 꿈에 불과하다구.
> A: 언젠가는 거기에 갈거야.
> B: 나도 정말 그러길 바래!

③ 사연있는 영어표현들

save one's face
체면을 세우다

 왜 이렇게 쓰이게 되었을까…?

save one's face는 「면목 혹은 체면을 세우다」라는 뜻. 중국에 살던 영국인들(The English residing in China)이 중국어의 diu lien을 영어로 그대로 옮기면 lose face라는 뜻이 되는 것에 착안해 만들어 낸 말. 결국 lose face는 「체면을 잃다」라는 뜻인데 그 체면을 안전하게 지켜냈으니(save) 「체면을 유지하다」라는 뜻이 될 밖에.

실제 대화에서 어떻게 쓰이는지 확인해보자

A: Why did Jack take the blame for his boss?
B: He was trying to **save face**.
A: I hope his boss realizes what he did for him.
B: I'm sure he'll find out.

> A: 왜 사장한테 갈 비난을 잭이 받은거야?
> B: 사장이 체면을 세우려고 했거든.
> A: 잭이 자기를 위해 무슨 일을 했는지 사장이 알아줘야 할텐데.
> B: 깨닫게 되겠지 뭐.

sour grapes
질투섞인 변명, 갖지 못하는 것을 폄하함

 왜 이렇게 쓰이게 되었을까…?

sour grapes는 「신 포도」라는 뜻으로 원하던 걸 얻을 수 없게 된 경우 마치 원래 원하지 않았던 것처럼 가장할 때 느끼는 씁쓸함(bitterness)이다. 이는 「여우와 포도」(The Fox and the Grapes)라는 이솝우화에서 온 표현이다. 뾰족히 할 일이 없던 여우 한마리가 군침도는 포도송이 아래에 앉아 있었다(sitting below a mouth-watering bunch of grapes). 너무나도 먹음직스러워서 바라보는 것 자체가 고통이었던 터라 팔을 뻗어 포도송이를 따려 했지만 애석하게도 너무 높았다. 실망이 이만저만이 아니었던 이녀석은 이런 자신의 감정을 숨기기 위해(cover up his disappointment) 이렇게 스스로를 위로했다고 한다. "The grapes are probably sour anyway"(그래봐야 포도는 실텐데 뭐).

실제 대화에서 어떻게 쓰이는지 확인해보자

A: Hey Jil, did you make the cheerleader squad?
B: No, but they're just a bunch of dumb blondes with long legs.
A: That sounds like **sour grapes** to me!
B: No, it's true. I didn't want to be a cheerleader anyway.

A: 이봐 질, 치어리더팀에 들어갔니?
B: 아니, 걔네들은 롱다리에 멍청한 금발들일 뿐이라구.
A: 못들어가니까 그러는거지!
B: 아냐, 내말 진심이야, 어쨌든 치어리더가 되고싶진 않았어.

3 사연있는 영어표현들

hit the nail on the head
핵심을 찔러 말하다

 왜 이렇게 쓰이게 되었을까...?

이는 고대 로마인들이 acu rem tangere라고 한 것을 번역한 것으로 「핵심을 찔러 말하다」(to be exactly right in words or action)라는 뜻. 우리말로 직역하면 「못의 머리를 친다」는 의미가 된다. 망치로 못을 칠 때 각도를 잘못 잡게 되면 아무리 힘껏 내리쳐도 못이 박히기는커녕 휘거나, 운이 없으면 또다른 nail인 손톱을 다치게 하는 수가 있다. 그러니 못의 「머리를 치다」라는 말은 핵심을 벗어나 이리저리 에둘러 말하기보다(beat around the bush)는 못처럼 문제의 핵심을 찔러 말하거나 행동하는 것을 가리킨다. 같은 의미를 갖는 표현으로 모양도 비슷한 hit the bull's eye가 있다.

실제 대화에서 어떻게 쓰이는지 확인해보자

A: He looks like he's sick, but I think he's hungover.
B: You **hit the nail on the head**.
A: I heard him say that he was going out drinking with his buddies last night.
B: I wonder how long he's going to last today.

> A: 그 친구 안좋아 보이는데 내 생각엔 숙취인 것 같아.
> B: 정확히 맞췄어.
> A: 어젯밤 그 사람이 친구들과 술마시러 나간다고 하는 말을 들었거든.
> B: 오늘 얼마나 버틸지 몰라.

pay lip service
입에 발린 말을 하다

 왜 이렇게 쓰이게 되었을까…?

살다 보면 원하든 원하지 않든 실제 마음이나 행동과는 무관한 입에 발린 소리(empty talk)를 하게 되는 경우가 종종 생기는데 pay lip service는 바로 그런 상황을 꼬집는 표현이다. 여기서 lip service라는 표현 자체는 17세기부터 쓰이기 시작한 것으로 실제로는 그렇지 않으면서 겉으로만 동의하는 척하는(pretend to approve or support something), 즉 행동이 아니라「말로만 하는 서비스」를 가리킨다. 이는 성경의 마태복음(Matthew) 15장 8절에서 This people draweth nigh unto me with their mouth and honoureth me with their lips; but their heart is far from me(백성들이 입술로는 나를 존경하되 마음은 내게서 멀도다)라고 한데서 나온 표현. 여기서 draweth나 honoureth는 draw, honor의 직설법 3인칭 단수의 고어형태이다.

 실제 대화에서 어떻게 쓰이는지 확인해보자

A: You didn't really mean what you said to that guy, did you?
B: No, **I was just paying lip service**.
A: I'm glad to hear that, because I was beginning to wonder about you.
B: You've got to talk the talk in this business.

> A: 그 녀석에게 한 말 진심은 아니지?
> B: 맞아, 입에 발린 말을 좀 했을 뿐야.
> A: 다행이다. 너에 대해 의문을 갖기 시작하던 참이었는데.
> B: 이 업종에선 그런 식으로 말을 해야 한다구.

3 사연있는 영어표현들

moron
멍청이, 얼간이

왜 이렇게 쓰이게 되었을까...?

다른 사람을 비하시키는 단어로서 미드나 영화를 보다 보면 줄기차게 등장하는 것이 바로 moron이다. 이는 아주 바보같은 사람(very stupid person)을 지칭하는 단어로 우리말로 치면 「얼간이」, 「멍텅구리」쯤에 해당한다. 그러나 오늘날처럼 보통사람들이 쉽게 쓰는 단어는 아니었고 심리학자(psychologist)였던 미국인 Henry H. Goddard(1866-1957)가 1910년 심약자연구회(the Study of the Feeble-Minded)에서 8세에서 12세 사이의 정신연령을 소유하고 지능지수(intelligence quotient: IQ)가 50 ~ 70 사이인, 시쳇말로 좀 '떨어지는' 사람을 지칭하기 위해 만들어 낸 일종의 전문용어였다. 이 말 자체는 foolish라는 뜻의 그리스어 moros에서 온 것이다.

실제 대화에서 어떻게 쓰이는지 확인해보자

A: That guy is such a moron.
B: He might be a moron, but he's extremely rich.
A: Does the guy have any friends?
B: No, but there are a lot of women who are interested in him.

A: 저녀석 정말 멍청한 걸.
B: 바보인지는 몰라도 엄청나게 부자라구.
A: 친구나 있어?
B: 없어, 하지만 그 친구에게 관심있는 여자는 아주 많아.

Green-eyed monster
질투심, 질투라는 괴물

 왜 이렇게 쓰이게 되었을까…?

「질투심」(jealousy) 혹은 「부러움」(envy)을 영어에선 녹색으로 표현하여 He was absolutely green(with envy) when he saw my Jaguar car라고 하면 「그 사람이 내 재규어를 보고 질투를 냈다」는 말이 된다. 왜 녹색이 질투를 나타낼까? Shakespeare의 Othello에서 그 답을 찾아보자. 3막 3장에서 부하장교인 Iago가 O! beware, my lord, of jealousy; It is the green-ey'd monster which doth mock / The meat it feeds on이라고 Othello에게 아내 Desdemona에 대한 질투를 조심하라고 경고하는데 여기서 green-ey'd monster는 바로 고양이. 먹이를 죽이기 전에 그것을 가지고 장난치는(toying with their victims) 고양이의 모습을 질투심에 비유하고 있다. 고양이가 쥐를 가지고 놀다가 결국엔 먹어버리듯 「사랑과 증오가 뒤섞인 감정」(mixed emotions of love and hatred), 곧 질투심도 「사람을 파멸로 몰아간다」(consume people)는 말.

 실제 대화에서 어떻게 쓰이는지 확인해보자

A: I can't believe she's agreed to go out with him.
B: I think I sense a little bit of **the green-eyed monster** in your tone.
A: Maybe a little, but that guy is a real jerk.
B: I guess you have a point.

> A: 그 여자가 그 녀석이랑 사귀기로 했다는게 말이나 돼?
> B: 네 목소리에 어쩐지 질투심이 어린 것 같은데.
> A: 아마 그럴지도. 하지만 그 녀석은 정말 얼간이라구.
> B: 그 말에 일리는 있어.

MEMO

SUPPLEMENT

시공을 초월하여 교훈을 주는 영어속담 Best 28

The pot calls the kettle black
똥 묻은 개가 겨 묻은 개 나무란다

똥 내지는 개 등이 적나라하게 등장하는 토속적인 우리의 표현과는 달리 이에 해당되는 영어 속담은 비교적 점잖다. 검은 항아리(pot)가 검은 솥(kettle)보고 검다고 한다는데, 주방기구를 이용하여 점잖아지기는 했지만 우리 속담처럼 원색적인 그래서 더 강렬한 의미는 담고 있지 못하다. 어법상으로 알아두어야 할 것은 call + O(kettle) + OC(black)의 구문. 달리 That's the pot calling the kettle black이라고도 하는 이 속담은 「자신도 갖고 있는 결점으로 타인을 비난하지 말라」(You should not criticize someone for a fault that you also have)는 말씀.

Lock the barn door after the horse is stolen
소 잃고 외양간 고친다

우리 사고방식과 거의 흡사하여 축어적으로도 번역이 가능할 정도이다. 단지 농경사회인 우리가 소(cow)를 소중히 돌보아야 할 대상으로 삼는데 반해 영어에서는 「말」(horse)을 사용한다는 점이 다를 뿐이다. Lock 대신 Shut을 쓰기도 하며 역시 barn door 대신 stable door를 사용해도 된다. 요즘에는 소잃고도 외양간을 고치지 않는 경우가 많은 세상이 되었다.

The walls have ears
낮말은 새가 듣고 밤말은 쥐가 듣는다

세상 좀 살아본 사람이라면 이 세상에 「비밀이란 없는 법」이라는 걸 알 것이다. 바로 이런 진리를 말하는 속담으로 영어는 우리보다 더 지독해서 새와 쥐 뿐만 아니라 말하는 사람 주변의 무생물 벽(wall)까지 경계함으로써 도청의 가능성(Someone may be listening)을 경고하고 있다. 물론 벽이 이런 지위향상을 하게 된 경우는, 고대 그리스 신화에 나오는 독재자 Dionysus왕이 전쟁포로를 감금하는 지하동굴을 귀모양으로 만들어 포로들의 이야기를 감청했던데서 유래된 것. 한편 「너와 나 사이니까」라고 하려면 Between you and me and these four walls, 그리고 「소귀에 경읽기」라고 하려면 Talking to the wall라 하면 된다.

Every dog has his day
쥐구멍에도 볕 들 날 있다

힘들고 어려운 시기에 꼭 명심해야 하는 속담. 혐오와 박멸의 대상인 쥐나 개 취급만 당하는 개에게도 언젠가는 희망과 기회가 올 것(Everyone will be fortunate at least once)이라는 교훈이다. 또 배워야 할 영어 표현은 have one's day로 여기서 day는 소유격과 어울려 「그 사람의 전성시대」, 「잘나가는 시절」을 의미한다.

You've cried wolf too many times
콩으로 메주를 쑨대도 못 믿겠다

말을 하는 상대에 대한 강한 불신을 나타내는 표현. 우리는 정감어리게 콩과 메주를 사용하는 반면 영어에서는 그 유명한 「양치기 소년과 늑대」 이야기를 원용한다. 양치기 소년이 재미삼아 심심풀이 땅콩 먹듯이 「늑대야!」를 외쳐(cried wolf) 동네 사람들의 불신을 산데서 비롯된 표현으로, 「네가 무슨 말을 하더라도 못 믿겠다」(I can't believe anything you say)는 강한 불신을 나타내는 말이다.

Don't count your chickens before they're hatched
김치국부터 마시지 마라

떡을 줄 생각도 하지 않는데 떡과 함께 나오게 되는 (무)김치국을 먼저 마시는 꿈을 꾸며 「착각의 자유」를 몸소 실천하는 사람들. 이들을 영어에서는 닭이 병아리를 낳기도(hatched) 전에 몇 마리를 낳을까 상상의 나래를 펴는 사람들로 빗대어 말한다. 「실제로 될 때까지는 희망적으로 판단하지 말라」(Do not act as though something has turned out favorably for you until it has really turned out that way)는 따끔한 충고이다.

Late fruit keeps well
대기만성

미래를 조급해하고 현실을 불안하게만 살아가는 조급증 환자들에게 꼭 필요한 속담. 우리는 큰그릇은 나중에 만들어진다고 하지만 영어에서는 「늦게 익은 과일이 더 오래 간다」고 표현한다. 성공한 사람들의 지금, 즉 결과만 보지 말고 그 이면에 숨겨진 고통과 험난한 여정을 들춰 보는 지혜를 발휘하여 지금의 힘든 시기를 더 나은 미래를 준비하기 위한 하나의 과정이라고 생각하자.

Scratch my back and I'll scratch yours
상부상조

「내 등(my back)을 긁어 주면 네 등(yours)을 긁어 주겠다」는 것으로 상대방이 제시한 것이 부당하거나 이면에 뭔가 있다는 심증이 있을 경우 상대방에게 「공정한 거래로 상부상조하자」(If you do what I want to do, I will do what you want me to do)고 할 때 사용하는 속담.

It's the tip of the iceberg
빙산의 일각

그야말로 우리 속담과 딱 맞아 떨어지는 표현. 여기서 tip은 식당에서 waitress 혹은 waiter에게 주는 그 「팁」이 아니라 「끝」, 「꼭대기」를 가리키고, iceberg는 「빙산」을 뜻해, the tip of the iceberg 하면 「빙산에서 물 밖으로 솟아 있는 맨 윗부분」을 가리킨다. 다 알다시피 빙산은 물 위로 드러나 있는 부분보다 물 속에 잠겨 있는 부분이 어마어마하게 더 크므로 「빙산의 일각」, 즉 the tip of the iceberg하면 「전체에 비하면 아주 적거나 작은 일부분」을 지칭하는 표현.

Too many cooks spoil the broth
사공이 많으면 배가 산으로 간다

어떤 일을 할 때 사람이 너무 많으면 여기저기서 「감놔라, 배놔라」 간섭하게 돼 일을 그르치기 쉽다(If too many people try to contribute to a project, the project will fail)는 말로, 영어에서는 요리에 빗대어 「요리사가 너무 많으면 고깃국을 망친다」고 표현한다. broth는 「고깃국」이고, cook은 동사로 「요리하다」이지만 여기서처럼 「요리사」라는 의미로 쓰일 때에도 뒤에 -er을 붙이지 않고 그 모양을 그대로 고수한다는 것까지 재차 확인하고 넘어가자.

Well begun is half done
시작이 반이다

직역하면 「잘 시작된 일은 반쯤은 이루어진 것」이란 뜻으로, 시작의 중요성을 강조하는 속담이다. 어떤 일이든 시작만 잘 하면 쉽게 이루어낼 수 있으므로(Beginning a project well makes it easier to do the rest) 두려워 말고 과감히 시작하라는 얘기. 어떤 일을 두고 「이걸 해야 하나, 말아야 하나」, 「한들 제대로 할 수 있을까」하고 지레 겁부터 집어먹고 시작하길 망설이고 있는 사람이 있다면 꼭 명심해 두었다가 틈나는 대로 되새겨야 할 속담.

Words can cut more than swords
말이 칼보다 더 깊은 상처를 줄 수 있다

말의 중요성과 위험성을 경고하는 문구. 세치의 혀는 번뜩이는 칼날에 적수가 되지 않는 것처럼 보이지만 말 한마디에 천냥빚을 갚거나 말 한 번 잘못해 목숨이 날아가는 등 그 위험성은 칼에 비할 바가 아니다. 말을 경계하는 속담과 격언이 예로부터 많은 것은 바로 이런 연유에서이다.

Where there is a will there is a way
뜻이 있는 곳에 길이 있다

아무리 험난하고 어렵다 하더라도 본인이 하겠다는 의지만 있다면(if you really want to do something) 그 장애를 극복하고 뜻을 이룰 수 있다(you will find a way to do it in spite of obstacles)는 말로, 의지가 박약한 사람들이 새겨 들어야 할 속담이다.

There is a time for everything in life
모든 일에는 다 때가 있는 법이다

행동거지의 조심을 경고할 때 혹은 어떤 일을 실행하기에 지금이 적기임을 강조할 때 사용할 수 있는 격언이다. There is a time and a place for everything이라고도 한다.

Better later than never
안하기보다는 늦게라도 하는 것이 낫다

시간약속에 늦었거나 어떤 해야 할 일의 타임을 놓쳤을 때 미안함에 혹은 좌절감에 우리는 약속이나 계획을 아예 포기하고 싶은 유혹에 빠지기 쉽다. 이런 나약한 마음을 경계하며 적극성을 부여해주는 문구이다. 지각한 사람이 늦게 나타나면서 겸연쩍은 표정으로 말하거나, 혹은 포기하려는 상대방에게 따뜻한 충고로서 사용할 수 있다.

A bird in the hand is worth two in the bush
숲속의 두마리 새보다는 손안의 한마리 새가 낫다

삶의 현실성을 언급한 속담. 희망과 계획이 현실에서 얼마나 처참히 무너지는 가를 경험한 사람만이 느낄 수 있을 것이다. 장미빛 희망보다 손으로 쥐고 있는 지금이 더 중요하다는 말.

Time and tide wait for no man
세월은 사람을 기다려주지 않는다

삶의 냉혹성을 깨달을 수 있는 기회. 흐르는 세월에 몸을 담고 그냥 수동적으로 살아가는 유형의 사람들이 눈여겨 볼 속담. 뭔가 늦었을 경우 세월은 당신을 기다리지 않고 계속 흘러간다(Things will not wait for you when you are late)는 내용이다.

Opportunities like this one seldom knock twice
이와 같은 기회는 두번 다시 오지 않는다

opportunity knocks는 「중요한 기회가 찾아왔다」는 것으로 이를 절대로 놓쳐서는 안된다는 급박성을 말하고 있다. Opportunity knocks but once라 하기도 한다.

Experience is the best teacher
경험이 최고의 스승이다

경험의 중요성을 언급하고 있다. 교실에서 혹은 남의 이야기를 통해서 간접적으로 듣는 것보다는 직접 몸으로 겪으면서 배우는 것이 가장 좋은 학습자료라는 말이다.

What's done can't be undone
저지른 일은 다시 어쩔 수 없다

자신이 한 일에 대한 변함없는 확신을 주장할 때 쓸 수 있는 말이다. 이미 해놓은 일을 번복할 수 없다(You cannot change what has already happened)고 자신의 확고함을 나타내고자 할 때 아주 유용하게 사용하면 된다.

Haste makes waste
일을 서두르면 망친다

게으르고 나태한 것도 멀리해야겠지만 그렇다고 일을 너무 서두르다가는 그만 오히려 시간을 더 잡아먹는(Hurrying will cause you to make mistakes, and you will have to take extra time to do the job over again) 우를 범할 수 있음을 경고하는 속담.

A friend in need is a friend indeed
어려울 때 친구가 진정한 친구이다

인간은 간사한 동물. 부모, 친구지간이라도 모두 실리를 쫓아 맺어지는 관계가 일반적이다. 이 속담은 이를 경계하는 것으로 어려울 때 떠나가지 않고 계속 남아 도움을 주는 친구가 진정한 친구라는 충고이다.

As you sow, so you reap
자업자득

성경에서 유래한 표현으로 sow는 씨를 뿌리는 것이고 reap은 거두어들이는 것이다. as는 접속사로 「…하는 대로」의 의미. 따라서 직역하면 「네가 뿌린대로 거둘 것이다」. 선행을 하면 좋은 일이, 악행을 하면 불행한 일이 일어날 것이라는 교훈적인 말씀.

Where there's smoke there's fire
아니 땐 굴뚝에 연기나랴

모든 사건과 일에는 그 원인이 있다는 말. 특히 소문에 대해서 확신하고 싶은 사람들이 즐겨 쓰는 말로 모든 소문에는 어느정도 사실이 들어있다(There is usually some truth behind every rumor)는 의미이다.

There are two sides to every question
모든 문제엔 두가지 측면이 있지

어느 일에 당사자가 되면 자신의 시각에 사로잡혀 상대방을 이해할 수가 없게 된다. 이런 우리의 좁은 마음을 한발 옆으로 물러서서 객관적으로 처신할 수 있도록 도와주는 속담이다.

The more you get the more you want
인간의 욕심에는 한이 없다

인간의 무궁무진한 욕심을 표현하고 있는 속담. 원하던 하나를 원하면 또 다른 하나를 원하고... 현재에 만족할 수 없는 사람들의(People are never satisfied with what they have) 불행을 경고하고 있다.

Let bygones be bygones
지나간 일은 잊어버리자

소심한 사람은 어렵겠지만 앞으로 해야 할 일이 많은 사람들이라면 어느 정도 과거는 묻어버려야 되는 법. 주위에 지나간 일로 끙끙거리는 사람이 있으면 한 번 써봄직하다.

If you can't beat them, join them
거부할 수 없으면 동참해라

현실적인 처세술을 언급하고 있다. 영양가 없는 자존심을 내세우기 보다는 실리를 찾는 것이 남는 것이라고 말하고 있다. 어차피 피할 수 없이 마주쳐야 되는 일이라면 적극적으로 뛰어 들어 일을 하라는 말씀이다. "피할 수 없다면 즐겨라" 정도로 생각하면 된다.

MEMO

MEMO

MEMO